JN131018

幼児と健康

監修／前橋　明　編著者／門倉 洋輔
（早稲田大学　教授／医学博士）

著

板口 真吾　鵜飼 真理子　門倉 雄一郎　加納 拓朗　五味 葉子
笹井 美佐　照屋 真紀　野村 卓哉　範 衍麗　廣瀬 団
藤田 倫子　宮本 雄司　山梨 みほ　吉村 眞由美　若林 仁子

モデルカリキュラム「幼児と健康」「保育内容『健康』の指導法」
（一般社団法人保育教諭養成課程研究会）対応、
幼稚園教育要領（文部科学省）、保育所保育指針（厚生労働省）、
幼保連携型認定こども園教育・保育要領（内閣府）準拠

大学教育出版

は じ め に

早稲田大学大学院 教授（医学博士）

前橋　明

　本書の著者「門倉洋輔」氏は、早稲田大学人間科学部、大学院人間科学研究科を卒業・修了され、「子どもの健康福祉学」を専門に、修士号を取得されました。そして、教育経験を積みながら、専門学会での研究成果発表を経て、このたび、「幼児と健康」の執筆に着手されました。専門学会では、日本食育学術会議、日本レジャー・レクリエーション学会、国際幼児体育学会において発表を重ね、また、幼児の健康づくりセミナーにも積極的に参加され、幼児期からの健康づくりの知識を深める努力もされております。それも、幼児期の健康教育を大切にされながら歩んでこられ、今後も精力的に研究・教育・支援活動を続けようとされています。

　「門倉洋輔」氏は、明朗で、与えられた課題や仕事に対しては一生懸命に努力することから、学生や子どもたちからだけでなく、同僚からも強い信頼があります。研究では、まじめな態度で望み、常に努力をし、あわせて、まわりに気を配る心優しい人柄です。

　また、本書で取り上げた内容は、「保育における領域『健康』の概要」から始まり、「子どもの健康づくりと生活リズム」、「幼児期の健康に関する問題」、「幼児期における適切なメディアとの関わり方」、「子どもの発育・発達」、「子どもの生理的機能の発達」、「体力・運動能力の獲得」、「安全の指導」、「0〜2歳児の身辺自立と生活習慣の形成」、「0〜2歳児のあそび」、「3〜5歳児の身辺自立と生活習慣の獲得」、「3〜5歳児のあそび」、「親子体操のすすめ」、「運動あそびにおける保育者の役割」、「運動あそびへの意欲づくり」、「行事と自然体験」、「食育」、「保育計画と指導案」の、計18章の健康理論と健康づくり実践から構成されています。

　このような背景をもとに完成された本書は、大学や短期大学、専門学校などにおいて、保育や幼児教育、福祉を専門とする学生のみなさんや先生方の勉学や生活に活かされていくものと、信じております。

　2024 年 1 月吉日

幼児と健康

目　次

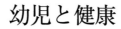

幼児と健康

第1章　保育における領域「健康」の概要

　保育・幼児教育における領域「健康」とは、子どもの心身の健康に関する領域を指し、主に生活習慣、運動や安全などといった要素から構成されています。この章では、2017年に改定された「幼稚園教育要領」、「保育所保育指針」、「幼保連携型認定こども園教育・保育要領」をもとに、「健康とは何か」ということから、領域「健康」の目指すところまで学んでいきましょう。

1. 健康の定義

　健康の定義は、WHO（世界保健機関）憲章によると、「健康とは、病気でないとか、弱っていないということではなく、肉体的にも、精神的にも、そして社会的にも、すべてが満たされた状態にあること」とされています。つまり、健康とは身体的な健康だけでなく、心身ともに良好な状態を指します。

　しかし、現代における我が国の子どもたちの健康には、いくつかの問題があります。例えば、社会環境の変化により、子どもたちがからだを動かして遊ぶ機会が減少しています。シチズンホールディングスは、子どもの時間感覚の推移の調査において、子どもの外あそび時間は、1981年から減少傾向にあり、2016年の調査結果では、1981年の調査結果と比べて約半分になっていると報告をしました。これにより、基本的な運動能力が低下

することだけではなく、コミュニケーション能力や自ら物事に取り組む力など、様々な発達に影響を及ぼす恐れがあります。このような子どもの健康に関する問題に対して、保育者は、子どもたちの健康と安全な生活を守るために、大事な役割を担っています。

2. 健康、安全で幸福な生活

学校教育法第23条における幼稚園教育の目標には、「健康、安全で幸福な生活のために必要な基本的な習慣を養い、身体諸機能の調和的発達を図ること」と示されています。

また、保育所保育指針の保育目標には、「十分に養護の行き届いた環境の下に、くつろいだ雰囲気の中で子どもの様々な欲求を満たし、生命の保持及び情緒の安定を図ること。健康、安全など生活に必要な基本的な習慣や態度を養い、心身の健康の基礎を培うこと」と記載されています。健康で安全な生活を保障すること、そして、子どもたちがその基盤を築くことができるようにすることは、保育者の重要な責務と言えるでしょう。

3. 領　　域

領域とは、幼児期の発達を整理し、健康、人間関係、環境、言葉、表現という5つの側面から包括的にまとめたものです。この5領域は、特定の活動に対して限られた領域の視点のみで捉えるのではなく、ある活動には、複数の領域が関わる経験が含まれているという考え方です。

子どもの発育・発達には、5領域の様々な側面が相互に関連しています。各領域の目標や内容は、保育者が子どものあそびや日常生活を通して総合的な指導を行う際の視点のみならず、環境を構成する際の視点としても重要です。子どもたちが豊かな経験を通じて、健全な成長と発達を遂げるためには、これらの領域をバランスよく増進させ、子どもの興味や関心を尊重することが求められます。

4.　ね　ら　い

　ねらいは、保育・幼児教育の目標をより具体化したものであり、乳幼児期に身につけることが望まれる「心情」「意欲」「態度」などを示した事項です。各領域に3つずつのねらいがあり、合計で5つの領域に対して15のねらいが存在します。

　内容は、これらのねらいを達成するために指導すべき事項を示しています。つまり、子どもが経験すべき内容や、どのような経験が適しているかを整理したものです。具体的な教育や援助の方法や考慮すべき点についても示しており、子どもたちが目指すべき目標や育成したい能力に対しての指針が記載されています。

　また、内容の取り扱いでは、子どもの発達段階に応じた指導を行う際に、留意すべき事項が示されています。保育者が指導や援助を行う際に考慮すべき点や適切な対応を示しており、子どもの成長と発達に合ったアプローチをするためのものです。

5.　育みたい資質・能力

　「幼稚園教育要領」、「保育所保育指針」、「幼保連携型認定こども園教育・保育要領」では、下記のように、生きる力の基礎を育むための3つの資質・能力が示されています。

①　知識及び技能の基礎
②　思考力・判断力・表現力等の基礎
③　学びに向かう力、人間性等

　これらの3つの資質・能力は、各領域におけるねらいや内容に基づき、一体的に育むことが意図されています。つまり、保育・幼児教育を通じ

て、これらの資質・能力を全体的に発展させることが目指されています。

6. 幼児期の終わりまでに育ってほしい姿

　幼児期の終わりまでに育ってほしい姿（10 の姿）とは、ねらい及び内容に基づいて、育みたい資質・能力が身についた幼児の具体的な姿です。幼稚園には「幼稚園教育要領」、保育所には「保育所保育指針」、認定こども園には「幼保連携型認定こども園教育・保育要領」とそれぞれの施設ごとに基本方針をまとめた指針・基準が存在しますが、10 の姿は、共通の目標として位置づけられています。

　また、保育・幼児教育と小学校教育の円滑な接続を図るために、援助の方向性を共有することも考慮されています。具体的な例とともに、子どもの育ちの方向性の目安となることを目的として掲げられています。

（1）　健康な心と体
　幼稚園（保育所・幼保連携型認定こども園）の生活の中で、充実感をもって自分のやりたいことに向かって心と体を十分に働かせ、見通しをもって行動し、自ら健康で安全な生活をつくり出すようになる。

（2）　自立心
　身近な環境に主体的に関わり様々な活動を楽しむ中で、しなければならないことを自覚し、自分の力で行うために考えたり、工夫したりしながら、諦めずにやり遂げることで達成感を味わい、自信をもって行動するようになる。

（3）　協同性
　友達と関わる中で、互いの思いや考えなどを共有し、共通の目的の実現に向けて、考えたり、工夫したり、協力したりし、充実感をもってやり遂げるようになる。

（4）　道徳性・規範意識の芽生え

　友達と様々な体験を重ねる中で、してよいことや悪いことが分かり、自分の行動を振り返ったり、友達の気持ちに共感したりし、相手の立場に立って行動するようになる。また、きまりを守る必要性が分かり、自分の気持ちを調整し、友達と折り合いを付けながら、きまりをつくったり、守ったりするようになる。

（5）　社会生活との関わり

　家族を大切にしようとする気持ちをもつとともに、地域の身近な人と触れ合う中で、人との様々な関わり方に気付き、相手の気持ちを考えて関わり、自分が役に立つ喜びを感じ、地域に親しみをもつようになる。また、幼稚園（保育所・幼保連携型認定こども園）内外の様々な環境に関わる中で、あそびや生活に必要な情報を取り入れ、情報に基づき判断したり、情報を伝え合ったり、活用したりするなど、情報を役立てながら活動するようになるとともに、公共の施設を大切に利用するなどして、社会とのつながりなどを意識するようになる。

（6）　思考力の芽生え

　身近な事象に積極的に関わる中で、物の性質や仕組みなどを感じ取ったり、気付いたりし、考えたり、予想したり、工夫したりするなど、多様な関わりを楽しむようになる。また、友達の様々な考えに触れる中で、自分と異なる考えがあることに気付き、自ら判断したり、考え直したりするなど、新しい考えを生み出す喜びを味わいながら、自分の考えをよりよいものにするようになる。

（7）　自然との関わり・生命尊重

　自然に触れて感動する体験を通して、自然の変化などを感じ取り、好奇心や探究心をもって考え言葉などで表現しながら、身近な事象への関心が高まるとともに、自然への愛情や畏敬の念をもつようになる。また、身近な動植物に心を動かされる中で、生命の不思議さや尊さに気付き、身近な動植物への接し方

を考え、命あるものとしていたわり、大切にする気持ちをもって関わるように
なる。

（8） 数量・図形、文字等への関心・感覚

　あそびや生活の中で、数量や図形、標識や文字などに親しむ体験を重ねた
り、標識や文字の役割に気付いたりし、自らの必要感に基づきこれらを活用
し、興味や関心、感覚をもつようになる。

（9） 言葉による伝え合い

　先生（保育士・保育教諭等）や友達と心を通わせる中で、絵本や物語などに
親しみながら、豊かな言葉や表現を身に付け、経験したことや考えたことなど
を言葉で伝えたり、相手の話を注意して聞いたりし、言葉による伝え合いを楽
しむようになる。

（10） 豊かな感性と表現

　心を動かす出来事などに触れ、感性を働かせる中で、様々な素材の特徴や表
現の仕方などに気付き、感じたことや考えたことを自分で表現したり、友達同
士で表現する過程を楽しんだりし、表現する喜びを味わい、意欲をもつように
なる。

7．乳児保育の「健やかに伸び伸びと育つ」のねらいよおび内容

　2017年に改定された「保育所保育指針」「幼保連携型認定こども園教
育・保育要領」では、3歳未満児の保育所利用率の増加や、0〜2歳児の
発達の重要性を考慮し、これまで0〜6歳で共通だった保育内容が、乳児
保育（乳児期の園児の保育）、1歳以上3歳未満児の保育（満1歳以上満
3歳未満の園児の保育）、3歳以上児の保育（満3歳以上の園児の教育お
よび保育）に区分されました。このうち、乳児保育については5つではな

く、3つの視点（「健やかに伸び伸びと育つ」「身近な人と気持ちが通じ合う」「身近なものと関わり感性が育つ」）から、ねらいが定められています。

　乳児保育には、身体的発達、精神的発達、社会的発達の3つの視点からねらいおよび内容が定められています。これは、乳児期の発達が、複数の側面が重なり合っていることを考慮したもので、それぞれの視点は独立しているのではなく、相互に重なり合い、影響し合って子どもの成長につながるという考え方です。

　以下のうち、「健やかに伸び伸びと育つ」は、「健康な心と体を育て、自ら健康で安全な生活をつくり出す力の基盤を培う」視点で、1歳以上3歳未満児の保育および3歳以上児の保育の領域「健康」に関連します。

　「健やかに伸び伸びと育つ」のねらいは、身体感覚、運動、生活リズム（基本的生活習慣）に関する3つで、内容は5つあります。この視点は、乳児の健康な成長を促進し、自己の身体と心の健康を大切にし、安全な生活を築く力を培うことを目指しています。

〔健やかに伸び伸びと育つ〕
　健康な心と体を育て、自ら健康で安全な生活をつくり出す力の基盤を培う。
　ねらい①身体感覚が育ち、快適な環境に心地よさを感じる。
　　内容①保育士（保育教諭）等の愛情豊かな受容の下で、生理的・心理的欲求を満たし、心地よく生活をする。

　ねらい②伸び伸びと体を動かし、はう、歩く等の運動をしようとする。
　　内容②一人ひとりの発育に応じて、はう、立つ、歩く等、十分に体を動かす。

　ねらい③食事、睡眠等の生活のリズムの感覚が芽生える。
　　内容③個人差に応じて授乳を行い、離乳を進めていく中で、様々な食品に少しずつ慣れ、食べることを楽しむ。

内容④一人ひとりの生活のリズムに応じて、安全な環境の下で十分に
午睡をする。

内容⑤おむつ交換や衣服の着脱などを通じて、清潔になることの心地
よさを感じる。

8. 1歳以上3歳未満児の保育における領域「健康」のねらいおよび内容

1歳以上3歳未満児の保育における領域「健康」のねらいおよび内容は、「健康な心と体を育て、自ら健康で安全な生活を築く力を養う」ことを目指します。特徴として、保育者の身体的な関わりを伴う養護的な関わりが多いのですが、この時期から、子どもの「自分で」という気持ちも次第に強くなります。保育者は、そんな子どもの気持ちに寄り添いながら、サポートを行うことが求められます。

（1）ねらい

① 明るく伸び伸びと生活し、自分から体を動かすことを楽しむ。

② 自分の体を十分に動かし、様々な動きをしようとする。

③ 健康、安全な生活に必要な習慣に気付き、自分でしてみようとする気持ちが育つ。

（2）内 容

① 保育士（保育教諭）等の愛情豊かな受容の下で、安定感をもって生活をする。

② 食事や午睡、あそびと休息など、保育所における生活のリズムが形成される。

③ 走る、跳ぶ、登る、押す、引っ張る等、全身を使うあそびを楽しむ。

④ 様々な食品や調理形態に慣れ、ゆったりとした雰囲気の中で食事や間食を楽しむ。

⑤　身の回りを清潔に保つ心地よさを感じ、その習慣が少しずつ身に付く。

⑥　保育士（保育教諭）等の助けを借りながら、衣類の着脱を自分でしようとする。

⑦　便器での排泄に慣れ、自分で排泄ができるようになる。

（3）　内容の取扱いについて

　下記の事項は、「健康」の領域において指導する際に留意すべき重要なポイントです。それぞれの事項に対して、解説を添えています。

1）　心と体の健康は、相互に密接な関連があるものであることを踏まえ、園児の気持ちに配慮した温かい触れ合いの中で、心と体の発達を促すこと。特に、一人ひとりの発育に応じて、体を動かす機会を十分に確保し、自ら体を動かそうとする意欲が育つようにすること。

　　　幼児の心と身体は密接に関連しており、心の健康が身体の健康に影響を与えることがあります。心身の健康を促進するためには、保護者や保育者との温かいふれあいの中で行われるコミュニケーションが重要です。

2）　健康な心と体を育てるためには望ましい食習慣の形成が重要であることを踏まえ、ゆったりとした雰囲気の中で食べる喜びや楽しさを味わい、進んで食べようとする気持ちが育つようにすること。なお、食物アレルギーのある子どもへの対応については、嘱託医等の指示や協力の下に適切に対応すること。

　　　食事は健康な心と身体を育むために欠かせない要素の1つです。ゆったりとした雰囲気の中で食べることで、食べる喜びや楽しさを味わい、健康的な食習慣を形成することが大切です。

3）　排泄の習慣については、一人ひとりの排尿間隔等を踏まえ、おむつが汚れていないときに便器に座らせるなどにより、少しずつ慣れさせるようにすること。

　　幼児の排泄の習慣には個人差があります。個々の幼児の排尿間隔や状態を理解し、少しずつ慣れさせるように配慮することで、排泄の習慣を身に付ける手助けをします。

4）　食事、排泄、睡眠、衣類の着脱、身の回りを清潔にすることなど、生活に必要な基本的な習慣については、一人ひとりの状態に応じ、落ち着いた雰囲気の中で行うようにし、園児が自分でしようとする気持ちを尊重すること。また、基本的な生活習慣の形成に当たっては、家庭での生活経験に配慮し、家庭との適切な連携の下で行うようにすること。

　　幼児期は基本的な生活習慣を身に付ける大切な時期です。一人ひとりの成長段階に合わせたペースで行うように尊重し、家庭との連携を図りながら指導することが重要です。これらの留意事項を心に留めながら、幼児たちの健康な成長をサポートしていくことが望まれます。

9.　3歳以上児の保育における領域「健康」のねらい、および内容

　1歳以上3歳未満児の保育と同様に、「健康な心と体を育て、自ら健康で安全な生活をつくり出す力を養う」ことを目指します。

　この年齢の子どもたちは、運動や食事、睡眠などの基本的な生活習慣が発達しています。健康な心と身体を育むためには、自己の身体を大切にし、健康な生活を自らの意志で築く力を養うことが重要です。保育者は子どもたちに適切な指導や環境を提供し、自立心や健康な生活への意識を育む支援を行います。

〔健康な心と体を育て、自ら健康で安全な生活をつくり出す力を養う〕

（1）　ねらい

① 明るく伸び伸びと行動し、充実感を味わう。

② 自分の体を十分に動かし、進んで運動しようとする。

③ 健康、安全な生活に必要な習慣や態度を身に付け、見通しをもって行動する。

（2）　内　容

① 保育士（保育教諭）等や友達と触れ合い、安定感をもって行動する。

② いろいろなあそびの中で十分に体を動かす。

③ 進んで戸外で遊ぶ。

④ 様々な活動に親しみ、楽しんで取り組む。

⑤ 保育士（保育教諭）や友達と食べることを楽しみ、食べ物への興味や関心をもつ。

⑥ 健康な生活のリズムを身に付ける。

⑦ 身の回りを清潔にし、衣服の着脱、食事、排泄などの生活に必要な活動を自分でする。

⑧ 保育所における生活の仕方を知り、自分たちで生活の場を整えながら見通しをもって行動する。

⑨ 自分の健康に関心をもち、病気の予防などに必要な活動を進んで行う。

⑩ 危険な場所、危険なあそび方、災害時などの行動の仕方が分かり、安全に気を付けて行動する。

（3）　内容の取扱いについて

　下記の事項に留意して、「健康」の領域で子どもたちの成長をサポートしていくことが大切です。それぞれの事項に対して、解説を添えています。

1）　心と体の健康は、相互に密接な関連があるものであることを踏まえ、
子どもが保育士（保育教諭）等や他の子どもとの温かい触れ合いの中で
自己の存在感や充実感を味わうことなどを基盤として、しなやかな心と
体の発達を促すこと。特に、十分に体を動かす気持ちよさを体験し、自
ら体を動かそうとする意欲が育つようにすること。

　　　幼児期の心と身体の発達は、密接に関連しています。そのため、子ど
も同士の温かいふれあいやコミュニケーションを大切にすることで、心
と身体の発達が促されます。また、子どもの発育・発達に合わせてから
だを動かす機会を十分に提供し、自らからだを動かそうとする意欲を養
うことが重要です。

2）　様々なあそびの中で、子どもが興味や関心、能力に応じて全身を使っ
て活動することにより、体を動かす楽しさを味わい、自分の体を大切に
しようとする気持ちが育つようにすること。その際、多様な動きを経験
する中で、体の動きを調整するようにすること。

　　　子どもが多様な動きを経験するには、日常でのあそびや生活の中での
経験を通して身に付くことに留意することが求められます。

3）　自然の中で伸び伸びと体を動かして遊ぶことにより、体の諸機能の発
達が促されることに留意し、子どもの興味や関心が戸外にも向くように
すること。その際、子どもの動線に配慮した園庭や遊具の配置などを工
夫すること。

　　　保育者は、自然体験や外あそびの経験の意味を十分に理解し、それぞ
れの特性を活かした環境構成が大切です。子どもたちの興味関心を察知
し、園庭の遊具の配置や用具の工夫によって、多様なあそびを促すこと
が重要です。

4）　健康な心と体を育てるためには食育を通じた望ましい食習慣の形成が
大切であることを踏まえ、子どもの食生活の実情に配慮し、和やかな雰
囲気の中で保育士（保育教諭）等や他の子どもと食べる喜びや楽しさを
味わったり、様々な食べ物への興味や関心をもったりするなどし、食の
大切さに気付き、進んで食べようとする気持ちが育つようにすること。

　　健康な心と体を育むためには、望ましい食習慣を形成することが大切です。ゆったりとした雰囲気の中で食事を楽しむことで、食べる喜びや楽しさを感じさせ、進んで食べようとする気持ちを養います。また、食物アレルギーのある子どもについては、医師の指示に基づいて適切に対応することが必要です。

5)　基本的な生活習慣の形成に当たっては、家庭での生活経験に配慮し、子どもの自立心を育て、子どもが他の子どもと関わりながら主体的な活動を展開する中で、生活に必要な習慣を身に付け、次第に見通しをもって行動できるようにすること。

　　子どもの自立心を育むには、子どもの自分でしたいという気持ちを尊重することが必要です。子ども一人ひとりの経験を踏まえ、家庭との連携を図りながら、基本的な生活習慣を形成するサポートを行います。

6)　安全に関する指導に当たっては、情緒の安定を図り、あそびを通して安全についての構えを身に付け、危険な場所や事物などが分かり、安全についての理解を深めるようにすること。また、交通安全の習慣を身に付けるようにするとともに、避難訓練などを通して、災害などの緊急時に適切な行動がとれるようにすること。

　　日常のあそびや生活の中で、危険な場所、危険なあそび方などに対する理解を促し、安全な生活に必要な習慣や態度を身に付けることができるようサポートを行います。

　　また、交通安全指導や避難訓練なども、安全についての理解を深めるために重要な機会です。

文　　献

1)　文部科学省：『幼稚園教育要領』2017.
2)　厚生労働省：『保育所保育指針』2017.
3)　内閣府・文部科学省・厚生労働省：『幼保連携型認定こども園教育・保育要領』2017.
4)　文部科学省：『小学校学習指導要領』2017.
5)　前橋　明：『コンパス 保育内容 健康』建帛社，2018.
6)　川邉貴子・吉田伊津美：『演習 保育内容 健康』建帛社，2019.

7)　世界保健機関：『世界保健機関憲章』1947.

8)　シチズンホールディングス：子どもの時間感覚 35 年の推移,
　　https://www.citizen.co.jp/research/time/20160610/01.html（2023.7.30 確認）.

9)　文部科学省：『学校教育法』1947.

（門倉洋輔）

第2章　子どもの健康づくりと生活リズム

　健康の3要素として、休養（睡眠）・栄養（食事）・運動（運動あそび）
があります。休養（睡眠）と栄養（食事）は、生理的必要性によって行い
ますが、運動（運動あそび）は、心理的欲求によって行うため、子どもた
ちが「楽しい、あそびたい」と感じ、自然とからだを動かしたくなる状況
をつくり出すことが重要です。休養・栄養・運動のそれぞれが相互に関連
しており、生活リズムとしてつながっていますので、できることから一つ
ずつ取り組んでみましょう。

1. 生活リズム

　これまで、子どもの健康づくりに関する研究において、前橋[1]は、社会
の生活環境の変化に合わせ、睡眠リズムの乱れ、運動不足、不規則な食事
など、規則正しい生活習慣を維持できなくなった幼児は、睡眠不足から生
じる日中のだるさや苛つき、運動不足などの体調不良につながっているこ
とを指摘しています。

　中でも、幼児の生活習慣について、2015年の石井ら[2]の調査では、3割
の幼児が午後10時以降に就寝しており、遅寝の幼児は睡眠時間が短く、
テレビ・ビデオ視聴時間の長いことが明らかとなっています。加えて、泉
ら[3]によると、余暇時間の過ごし方として、家の外で遊ぶことが多い幼児
は、外あそび時間が長く、テレビ・ビデオ視聴時間が短く、就寝時刻が早

かったことが報告されています。つまり、就寝時刻を早めて、睡眠時間を確保するためには、テレビ・ビデオ視聴時間を短くし、戸外運動時間を長くすることが有効であるということです。

　また、2018 年の宮本ら[4] の研究では、同一地域に居住する幼児期から高校期の子どもについて、学年別にみた生活習慣の変化の実態を分析した結果、それぞれの年代で推奨睡眠時間が満たされておらず、子どもの遅寝・短時間睡眠は、幼児期から始まっている実態が報告されています。あわせて、朝食は約 9 割が食べていたにもかかわらず、朝に排便できていたのは 2 ～ 4 割と少なく、朝に排便できない生活習慣は、幼児期だけでなく、小学生から高校生まで共通した課題であると指摘しています。加えて、テレビ・ビデオ視聴時間については、幼児から高校生まで学年間に有意な差がみられず、すでに幼児期からテレビ・ビデオ視聴が習慣化している実態が明らかとなりました。今後は、スマートフォン・タブレットでの動画視聴、ゲーム、インターネット、SNS など、多様なデジタルメディアの利用によるスクリーンタイムの増加が懸念されるため、具体的な対応策を実施していくことが求められています。

　子どもの健康づくりと生活リズムについては、幼児期の生活習慣だけを考えるのではなく、幼児期から小学校期、中学校期、高校期と連続して、生活習慣改善の取り組みを継続していくことが重要であり、幼児期に望ましい生活リズムを身につけておきたいものです。前橋[5] は、「一点突破、全面改善」を合言葉に、あきらめないで、問題改善の目標を 1 つに絞り、1 つずつ改善に向けて取り組んでいくことを提案しています。まずは、できることから 1 つずつ取り組んでみましょう。

2. 休　　　養

　休養としての睡眠には、からだを休める機能と、脳を休める機能があります。1 つ目のからだを休める機能としては、身体的な疲労回復だけでなく、筋肉を動かしたことによる細かな筋繊維断裂の修復や、炎症を鎮める

といった筋繊維の回復があります。加えて、骨組織も爪や皮膚と同様に、新陳代謝により骨の再生を繰り返しています。とくに、幼児期は、筋繊維の回復や骨の再生だけでなく、筋肉や骨を太く・長く・強くするなど、発育の面においても夜間の睡眠が重要となっています。また、循環器、呼吸器、消化器といった内臓器官は、睡眠中も止まることなく動き続けていますが、睡眠中は心拍数や呼吸数を抑えて安静に過ごすことができるため、日中の活動を十分に行うために備えることが望ましいです。

　2つ目の脳を休める機能としては、レム睡眠（Rapid Eye Movement sleep：急速眼球運動睡眠）時に日中の活動の内容を整理して、保存する情報を選択し記憶を定着させることに加え、ノンレム睡眠時に脳を休ませ、情報処理能力を回復させています。

　幼児・児童・生徒に必要な睡眠時間の基準について、前橋[6]によると、1〜5歳の幼児では10時間以上、6〜10歳では9時間30分以上、11〜12歳では9時間以上、13〜15歳では8時間以上の夜間の連続した睡眠を推奨しています。幼児・児童・生徒の睡眠の実態について、宮本ら[7]による2019年の調査結果によると、前橋[6]が推奨している就寝時刻・睡眠時間・起床時刻を基準として比較したところ、男女ともに、すべての学年において、推奨就寝時刻より3分（1歳男児）〜1時間33分（中学3年生男子）遅く（図2-1）、推奨睡眠時間より1分（小学1年生女子）〜1時間27分（中学3年生女子）短い（図2-2）、遅寝・短時間睡眠の実態が明らかにされています。

　起床時刻について、起床後、大脳の働きが高まるまでに2時間程度のウォーミングアップ[8]が必要とされているため、幼児であれば、園での全体活動が始まる9時の2時間前の7時までに起床し、小学生以上は、始業時刻の8時30分から2時間前の6時30分までに起床しておくことが望ましいとされています。図2-3の起床時刻をみると、男女ともに、幼児は推奨起床時刻の7時前に起床できていましたが、小学1〜6年生と中学3年生は平均起床時刻が6時30分以降の遅起きの傾向があり、中学1・2年生は、部活動の朝練習のため、早起きになっていました（図2-3）。睡眠不

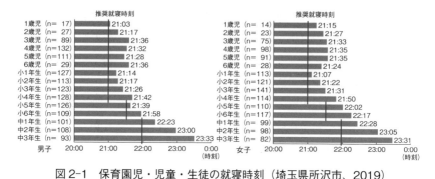

図2-1　保育園児・児童・生徒の就寝時刻（埼玉県所沢市、2019）

【出典】宮本雄司・前橋　明：小学生・中学生の学力別にみた生活習慣の実態と加齢に伴う健康管理上の課題、レジャー・レクリエーション研究94、pp.5-24、2021。を一部改変

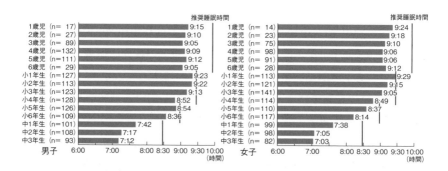

図2-2　保育園児・児童・生徒の睡眠時間（埼玉県所沢市、2019）

【出典】宮本雄司・前橋　明：小学生・中学生の学力別にみた生活習慣の実態と加齢に伴う健康管理上の課題、レジャー・レクリエーション研究94、pp.5-24、2021。を一部改変

足や遅起きにより、8時30分からの授業開始時に大脳が働く準備ができていないと、集中できずに、教員が授業を工夫しても内容理解につながらず、学習効果が高まらなくなる懸念があります。

　睡眠不足によるからだへの影響について、朝の疲労症状をみると、「ねむい」や「あくびがでる」と訴えた幼児・児童・生徒の人数割合は、幼児の1割程度から、小学生低学年の約2割、小学生高学年の約4割と加齢と

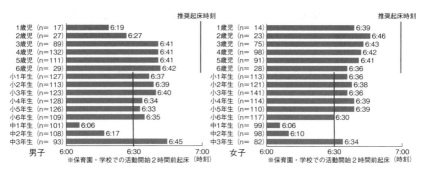

図2-3　保育園児・児童・生徒の起床時刻（埼玉県所沢市、2019）
【出典】宮本雄司・前橋　明：小学生・中学生の学力別にみた生活習慣の実態と加齢に伴う健康管理上の課題、レジャー・レクリエーション研究94、pp.5-24、2021。を一部改変

ともに増加し、中学生になると6～7割程度となり、クラスの3人に2人が「ねむい」や「あくびがでる」といった、睡眠不足の中枢神経系の疲労、いわゆる大脳の活動水準の低さを訴えていました（表2-1）。ねむけ症状の有訴率と短時間睡眠との間に高い関連性がみられた[7]ことから、短時間睡眠の状態が、始業時のねむけ症状の誘因となっていることが考えられます。就寝時刻が遅くなる要因として、テレビ・ビデオやスマートフォンといったメディアの長時間利用が考えられますが、メディア利用の実態については、4．運動のところで紹介します。

　人間の概日リズム[9]は、24.18時間（24時間11分）であり、何もしなければ、毎日11分ずつ生活時間が後ろにずれていきます。しかし、わたしたちのからだにはこのずれを修正する機能が備わっています。感覚器である眼から光が入り、網膜で受容された光刺激が間脳視床下部にある視交叉上核[10]に伝わり、概日リズムの修正を行い、松果体でメラトニン合成が抑制される仕組みとなっています。このため、生活リズムを整えるためには、朝に光を浴びることが重要なのです。

　以上のことから、休養としての睡眠は、からだを休める、脳を休めるだけでなく、からだをつくる発育や生活リズムを整える面でも重要であるこ

表 2-1　幼児・児童・生徒の朝、家を出る頃の疲労症状有訴率

（2019、埼玉県所沢市）

男　子	1 位	2 位	3 位
1 歳児（n = 17）	ねむい（23.5%）	あくびがでる（17.6%）	物事が気にかかる（5.9%）
2 歳児（n = 27）	ねむい（11.1%）	あくびがでる・物事が気にかかる（7.4% ずつ）	
3 歳児（n = 89）	ねむい（11.2%）	物事が気にかかる（9.0%）	あくびがでる（3.4%）
4 歳児（n = 132）	ねむい（13.6%）	あくびがでる・物事が気にかかる（5.3% ずつ）	
5 歳児（n = 111）	ねむい（7.2%）	あくびがでる（5.4%）	きちんとしていられない（4.5%）
小学 1 年生（n = 127）	ねむい（23.6%）	あくびがでる（11.0%）	横になりたい（10.2%）
小学 2 年生（n = 113）	ねむい（21.2%）	あくびがでる（18.6%）	横になりたい（7.1%）
小学 3 年生（n = 123）	ねむい（22.0%）	あくびがでる（13.8%）	横になりたい（8.9%）
小学 4 年生（n = 128）	ねむい（29.7%）	あくびがでる（18.8%）	横になりたい（12.5%）
小学 5 年生（n = 126）	ねむい（38.9%）	あくびがでる（26.2%）	からだがだるい（14.3%）
小学 6 年生（n = 109）	あくびがでる（28.4%）	ねむい（27.5%）	からだがだるい（11.9%）
中学 1 年生（n = 101）	ねむい（65.3%）	あくびがでる（53.5%）	からだがだるい（28.7%）
中学 2 年生（n = 108）	ねむい（53.7%）	あくびがでる（50.0%）	横になりたい（25.9%）
中学 3 年生（n = 93）	ねむい（64.5%）	あくびがでる（55.9%）	横になりたい（31.2%）
女　子	1 位	2 位	3 位
1 歳児（n = 14）	ねむい、あくびがでる・物事が気にかかる（7.1% ずつ）		
2 歳児（n = 23）	ねむい（8.7%）	きちんとしていられない（4.3%）	－
3 歳児（n = 75）	ねむい（17.3%）	きちんとしていられない・物事が気にかかる・からだがだるい（2.7% ずつ）	
4 歳児（n = 98）	ねむい（10.2%）	あくびがでる（5.1%）	からだがだるい・横になりたい（4.1% ずつ）
5 歳児（n = 91）	ねむい（4.4%）	あくびがでる（3.3%）	物事が気にかかる・気分がわるい（1.1% ずつ）
小学 1 年生（n = 113）	ねむい（16.8%）	あくびがでる（9.7%）	横になりたい（3.5%）
小学 2 年生（n = 121）	ねむい（19.8%）	あくびがでる（15.7%）	横になりたい・頭が痛い（4.1% ずつ）
小学 3 年生（n = 141）	ねむい（28.4%）	あくびがでる（27.0%）	横になりたい（12.1%）
小学 4 年生（n = 114）	ねむい（40.4%）	あくびがでる（33.3%）	横になりたい（14.9%）
小学 5 年生（n = 110）	ねむい（36.4%）	あくびがでる（30.9%）	からだがだるい（6.4%）
小学 6 年生（n = 117）	ねむい（34.2%）	あくびがでる（41.0%）	横になりたい（13.7%）
中学 1 年生（n = 99）	ねむい（74.7%）	あくびがでる（64.6%）	足がだるい（24.2%）
中学 2 年生（n = 98）	ねむい（76.5%）	あくびがでる（72.4%）	横になりたい（27.6%）
中学 3 年生（n = 82）	あくびがでる（73.2%）	ねむい（63.4%）	横になりたい（35.4%）

【出典】宮本雄司・前橋　明：小学生・中学生の学力別にみた生活習慣の実態と加齢に伴う健康管理上の課題、レジャー・レクリエーション研究 94、pp.5-24、2021。を一部改変

とを正確に理解しておくことが重要です。保育者や教員は、これらの睡眠の重要性について、子どもと保護者に正しく伝えていく重要な役割を担っているのです。

3. 栄　　養

　朝食摂取状況について、宮本ら[7] による 2019 年の調査結果によると、「毎朝食べている」と「だいたい食べている」を合わせた人数割合をみると、男女ともに 9 割を超えていますが（図 2-4）、排便状況について、「毎

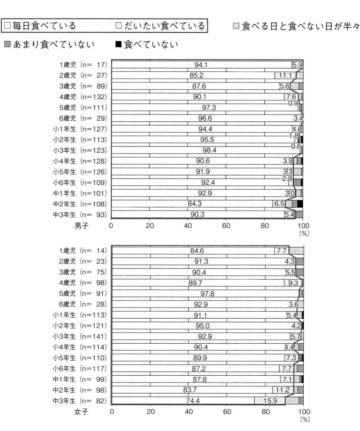

図 2-4　保育園児・児童・生徒の朝食摂取状況の人数割合（埼玉県所沢市、2019）
【出典】宮本雄司・前橋　明：小学生・中学生の学力別にみた生活習慣の実態と加齢に伴う健康管理上の課題、レジャー・レクリエーション研究 94、pp.5-24、2021。を一部改変

朝する」と「朝する時の方が多い」を合わせた人数割合では、男女ともに2～4割程度しかおらず、最も高くても51.7%（中学3年生男子）となっていました（図2-5）。

朝食の重要性について、栄養摂取の側面では、消化器官である胃や腸にも概日リズムがあり、代謝系においても、朝は糖耐性が高く、インスリン感受性も高い[11]ため、1日の中で同じものを同じ量で食べる場合、朝に多く食べるほうが肥満予防につながります。加えて、朝に起床していても、

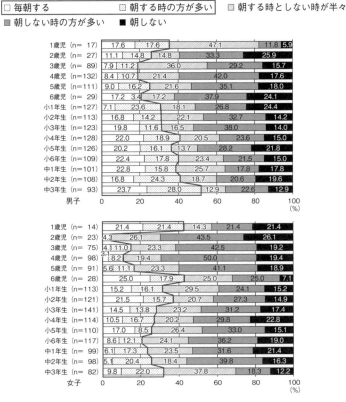

図2-5　保育園児・児童・生徒の排便状況の人数割合（埼玉県所沢市、2019）
【出典】宮本雄司・前橋　明：小学生・中学生の学力別にみた生活習慣の実態と加齢に伴う健康管理上の課題、レジャー・レクリエーション研究94、pp.5-24, 2021。を一部改変

朝食を欠食していると、末梢臓器の体内時計は遅れたままとなる [12] ことから、時間栄養学の側面からも朝食の重要性が指摘されています。

　朝食摂取と消化器系の関連について、食後に8時間程度経過すると、胃と小腸が空の状態となり、そこで朝食を摂取すると、胃に刺激が加わり、便を押し出す「大蠕動運動」が起こる仕組みが人間には備わっています。9割の幼児・児童・生徒が朝食を食べているのであれば、朝の排便ができている幼児・児童・生徒も9割ほどはいるはずですが、実際は2～4割程度と少ないという実態があります。これは、夕食時刻が遅く朝食まで8時間空かないことや、朝に排便する時間がないといったタイミングの問題だけでなく、朝食は食べていると回答していても、ご飯やパンを一口だけであったり、菓子パンやビスケットのようなもののみであったりと、質と量の両面で不十分な食事内容であることが要因として考えられます。

　朝食を欠食している幼児・児童・生徒は約1割いますが、本来、全員が朝食を食べることが望ましいです。朝食は、からだを動かすエネルギーだけでなく、脳のエネルギーを確保し、1日をスタートするために重要な食事です。夕食時刻が遅いことや夕食後におやつを食べ、朝食までに十分な時間が経過していないことだけでなく、睡眠不足により、食欲がわかないことも一因と考えられます。先行研究によると、毎朝排便している中学生は、排便は毎日するものであるという認識が高い [13] ことが明らかになっています。小学生・中学生から排便習慣を変えるよりも、排便習慣が身につく幼児期から、朝の排便が当たり前となるように、家庭と園が連携して取り組んでいくことが重要です。

4.　運　　動

　文部科学省による幼児期運動指針 [14] では、毎日60分以上の身体活動を行うことを推奨しています。身体活動（physical activity）とは、からだを動かすことであり、運動（exercise）だけでなく、生活活動（life activity）も含まれます。戸外での運動あそびで合計60分以上となることが理想で

すが、登園降園の徒歩や、物を運んだり、持ち上げたりといったからだを動かす生活活動を積極的に行うことで、運動と合わせて 60 分以上の身体活動時間を確保できるような状況を作り出すことが、保護者や保育者といった大人の役割であることを理解しておきましょう。

　運動時間の目安について、2010 年の WHO のガイドライン [15] では、5 〜 17 歳の時期は、筋肉や骨の発育のために、中高強度の運動を毎日 1 時間行うことや週 3 日程度の高強度の運動を推奨しています。国内でも、日本学術会議の提言 [16] において、WHO の国際基準に準拠し、5 歳以上の子どもにおいては毎日総計 60 分以上の中〜高強度の身体活動を行うことを推奨しています。

　こどもの運動時間の実態について、宮本ら [7] による 2019 年の調査結果によると、園や学校にいる時間を除いた戸外運動時間をみると、男子の小学 6 年生、中学 1・2 年生を除き 1 時間未満となっていました（図 2-6）。とくに、保育園幼児の場合は、降園時刻が 18 時頃となる場合も多く、降園後の外あそびは難しい状況となっています。幼稚園幼児の場合は、14 時降園であれば、その後に課外活動としての習い事や、帰宅途中に公園に寄り、運動あそびを行うこともできます。このように、幼児の場合は、幼稚園児と保育園児の日中の過ごし方の違いを理解し、保育園では、保育時間中に 60 分以上の身体活動を行うことを心がけることが重要であり、戸外での運動あそびで合計 60 分以上の運動時間を確保できれば理想的です。

　また、幼児期には運動時間に男女差は見られませんが、小学生以降の女子は、男子に比べて、運動時間が短い傾向があります。中学 1・2 年生で 30 分程度、中学 3 年生では 15 分となっていました。これらのことから、女子の場合は、意識的に運動を促さなければ、運動時間を確保できなくなってしまう可能性が考えられます。運動の効果について、長期的な運動習慣では、入眠までの時間短縮、レム睡眠時間の短縮、睡眠時間の延長、起床時刻が早まる等、睡眠に好影響を及ぼす [17] ことが明らかになっています。さらに、就寝時刻を早め、睡眠時間を確保するためには、心地よい疲れから早寝につなげる、遅寝・短時間睡眠の改善のための 1 つの突破口と

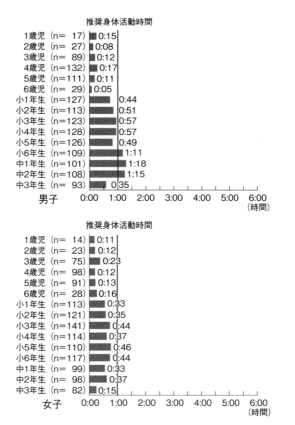

図2-6　保育園児・児童・生徒の降園・放課後の戸外運動時間
（埼玉県所沢市、2019）

【出典】宮本雄司・前橋　明：小学生・中学生の学力別にみた生活習慣の実態と加齢に伴う健康管理上の課題、レジャー・レクリエーション研究 94、pp.5-24、2021。を一部改変

して、ジョギングのような適度な運動は、脳の機能を活性化する効果がある[18] ことから、適度な運動を生活時間の中に取り入れていきたいものです。

　合計メディア利用時間について、幼児期は、テレビ・ビデオ視聴時間が1時間〜1時間30分程度ですが、男女ともに小学1年生以降は2時間を超え、加齢に伴い利用時間が長くなり、男女ともに中学2年生が最長で5

時間を超えていました（図2-7）。

　宮本ら[4]の先行研究によると、テレビ・ビデオ視聴時間は、幼児・児童・生徒の学年間に有意な差がみられず、男女ともに平均1時間30分〜2時間程度の視聴時間であり、すでに幼児期からテレビ・ビデオ視聴が生活の中で習慣化していることが明らかとなっています。小学生以降から加

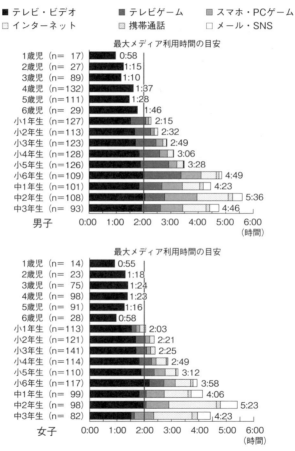

図2-7　保育園児・児童・生徒の合計メディア利用時間（埼玉県所沢市、2019）

【出典】宮本雄司・前橋　明：小学生・中学生の学力別にみた生活習慣の実態と加齢に伴う健康管理上の課題、レジャー・レクリエーション研究94、pp.5-24、2021。を一部改変

齢とともに、テレビゲームやスマートフォン・タブレットでの動画視聴・ゲーム時間が長くなっていくことについて、幼児の保護者や保育者も理解しておく必要があります。小学校低学年では、テレビ視聴時間が1時間30分以上の児童は、肥満リスクが高まる[19] ことから、小学生になってからテレビ視聴時間を制限するのではなく、小学校入学前の未就学児から、テレビを含む長時間のメディア視聴が習慣化しないようにする取り組みが重要です。

　海外においては、American Academy of Pediatrics[20] が、2歳未満のデジタルメディアの使用は避けるべきであり、2歳以上でも1日2時間までに制限すべきと勧告しています。日本においても、日本小児科医会[21] では、2時間以内を目安とするように提言していますが、実際には、図2-7が示すように、合計メディア利用時間が2時間を大きく超えていたことから、まずは、食事中にテレビを消したり、常にスマートフォンを利用し続けることをやめたり、時間を決めてゲームをすること等、10分でも30分でも短くするために、できるところから改善に取り組んでいきましょう。

文　献

1)　前橋　明：「食べて、動いて、よく寝よう！―子どもが生き生きする3つの法則―」『食育学研究8（1）』pp.4-15，2013.

2)　石井浩子・前橋　明：「夜型社会の中での幼児の生活リズムと体力、身体活動量との関係」『幼児体育学研究10（1）』pp.45-54，2018.

3)　泉　秀生・前橋　明：「沖縄県に住む幼稚園幼児の生活実態に関する研究」『レジャー・レクリエーション研究81』pp.1-7，2017.

4)　宮本雄司・前橋　明：「幼児期から高校期までの学年別にみた生活習慣変化の実態と課題」『保育と保健27（2）』pp.41-46，2021.

5)　前橋　明：『子どもの健康福祉指導ガイド』大学教育出版，p.16，2017.

6)　前橋　明：「成長期の子どもの生活リズム，健康不思議発見ニュース」『からだの不思議4』p.4，健学社，2017.

7)　宮本雄司・前橋　明：「小学生・中学生の学力別にみた生活習慣の実態と加齢に伴う健康管理上の課題」『レジャー・レクリエーション研究94』pp.5-24，2021.

8)　前橋　明：『子どもの未来づくり　健康〈保育〉』明研図書，p.92，2007.

9) Czeisler C A. et al.：「Stability, precision, and near-24-hour period of the human circadian pacemaker」『Science 284 (5423)』pp.2177-2181, 1999.

10) Lehman M N. et al.：「Circadian rhythmicity restored by neural transplant. Immunocytochemical characterization of the graft and its integration with the host brain」『Journal of Neuroscience 7 (6)』pp.1626-1638, 1987.

11) la Fleur SE. et al.：「A daily rhythm in glucose tolerance: a role for the suprachiasmatic nucleus」『Diabetes 50 (6)』pp.1237-1243, 2001.

12) Wehrens S M T. et al.：「Meal Timing Regulates the Human Circadian System」『Current Biology 27 (12)』pp.1768-1775, 2017.

13) 田附ツル・山本照子・武副礼子・青木洋子・平井和子：「青森県下の中学生の食習慣と排便に関する意識調査」『日本食生活学会誌 10 (1)』pp.72-78, 1999.

14) 文部科学省：『幼児期運動指針ガイドブック』p.6, 2012.

15) World Health Organization：「Global Recommendations on Physical Activity for Health」pp.17-21, 2010.

16) 日本学術会議 健康・生活科学委員会 健康スポーツ科学分科会：「提言子どもを元気にする運動・スポーツの適正実施のための基本指針」日本学術会議, pp.1-35, 2011.

17) Karla A. et al.：「The effects of acute and chronic exercise on sleep. A meta-analytic review」『Sports Medicine 21』pp.277-291, 1996.

18) Harada T, Okagawa S, Kubota K.：「Jogging improved performance of a behavioral branching task: implications for prefrontal activation」『Neuroscience research 49 (3)』pp.325-337, 2004.

19) E de Jong. et al.：「Association between TV viewing, computer use and overweight, determinants and competing activities of screen time in 4- to 13-year-old children」『International Journal of Obesity 36』pp.47-53, 2013.

20) American Academy of Pediatrics：「Children and Adolescents and Digital Media」『Pediatrics 138 (5)』pp.1-20, 2016.

21) 日本小児科医会：「「子どもとメディア」の問題に対する提言」「子どもとメディア」対策委員会, pp.1-4, 2004.

（宮本雄司）

第3章　幼児期の健康に関する問題

　乳幼児期の子どもたちが、心やからだを健全に成長・発達させるために
は、十分な休養、栄養バランスのとれた食事、適度な運動が必要不可欠で
す。しかし、今日の日本では、生活環境の著しい変化に伴い、子どもたち
の生活リズムは乱れ、休養・栄養・運動が適切に確保されにくい状況にあ
ります。本章では、現代の乳幼児期の子どもたちが抱えている健康管理上
の問題について考えていきます。

1.　遅寝遅起き、睡眠不足

　睡眠は、乳幼児時期の子どもの脳や心身の発育に重要な役割を果たして
おり、カースカドンとデメント [1] によると、乳幼児期より、深い睡眠中に
成長ホルモンが活発に分泌され、脳内の神経ネットワークの形成や身体の
形成が行われると言われています。子どもたちの心身の健やかな成長を考
えると、乳幼児期には 21 時前就寝と最低 10 時間の睡眠が必要 [2] であり、
乳幼児期から適切な睡眠習慣を身に付けさせてあげることが大切です。

　しかしながら、現代社会において、親のライフスタイルの変化（夜型
化、夜勤、高光環境など）の影響により、乳幼児の就床時刻はどんどん遅
くなっており [3]、今日、夜 10 時以降に就寝している幼児の割合は、約 3
割にのぼります。つまり、現在の日本では、乳幼児期の子どもたちが望ま
しい睡眠習慣を身に付けるのは難しい状況にあると言えます。また、就寝

時刻が遅くなれば、睡眠時間を確保しようとして遅起きの原因にもなります。前橋[4]は、人が起床してから脳がすっきりと働くまでに2時間ほどかかると述べています。幼稚園であれば、朝9時から始業することを鑑みると、幼児期には遅くとも朝7時までに起きていることが望まれます。しかし、学研教育総合研究所による幼稚園児・保育園児計1,200名を対象としたインターネット調査（2019年）[5]によると、対象児の平均起床時刻は、幼稚園児で7時09分、保育園児で7時01分であり、幼稚園・保育園児ともに、理想とする7時よりも遅い起床であることが報告されました。つまり、現代の乳幼児期の子どもたちは、大人たちのライフスタイルの変化によるネガティブな影響を受け、遅寝を起因とする遅起き・短時間睡眠といった健康管理上の問題を抱えている（抱えさせられている）と言えるでしょう。

　では、遅寝による遅起き・短時間睡眠になると、子どもたちはどうなってしまうのでしょうか。前橋[6]は、夜10時間以上、眠ることができない子ども、中でも9時間30分を下回る短時間睡眠の子どもは、注意集中ができず、イライラする、じっとしていられなくなって歩き回るといった行動特徴が現れると述べており、短時間睡眠が長く続くと、もっと激しい症状、いわゆるキレても仕方ない状況、子どもたちが問題行動を起こしても仕方ない状況が自然と出てくるとも述べています。神山[7]は、子どもの夜更かしが、睡眠・覚醒リズムの異常や情緒行動問題の引き金となっていることを指摘し、夜更かしを助長してしまった大人の責任について言及しています。

　乳幼児期は、園での活動や家庭での様々な体験を通して、健康な心と体、自立心、協同性、豊かな感性と表現など、多くのことが育まれる大切な時期です。児童期以降の人格形成の基盤ともなる重要な乳幼児期を、子どもたちには、元気いっぱい過ごしてほしいものです。子どもたちが、日中の活動に元気いっぱい取り組むことができるようにするためにも、乳幼児期の子どもたちが抱えている（抱えさせられている）遅寝・遅起き・短時間睡眠の問題に、まずは大人たちが真剣に目を向け、睡眠リズムの改善

に本気で取り組んでいくことが必要です。

2.　朝食の欠食と栄養不足

　前橋は、2004 年実施の調査[8]において、幼稚園児で 5.4%、保育園児で 13.4% の幼児が、毎朝の朝食を欠食していることを報告し、近年では、乳幼児期の子どもたちが抱えている（抱えさせられている）遅寝・遅起き・短時間睡眠の問題が要因となり、朝食を充実したものにできていなかったり、欠食したりするようになっていると指摘しています。また、文部科学省による報告[9]では、保護者が欠食すると、子どもの欠食の割合も高くなる傾向にあると述べています。大人のライフスタイルの変化によるネガティブな影響を受け、睡眠リズム同様、子どもたちの摂食リズムにも乱れが生じていることが分かります。

　では、子どもたちにとって、朝食は、なぜ大切なのでしょうか。人間の身体は、寝ている間にもたくさんのエネルギーを使っています。そのため、起床するころには、エネルギーやエネルギーをつくるために必要な栄養素が少なくなっています。寝ている間に使われたエネルギーを補給するとともに、午前中の活動に必要なエネルギーや栄養素を補充しなければ、子どもたちが朝から元気いっぱい園での活動に取り組むことはできません。また、朝食には、寝ている間に低下した体温を上昇させる効果もあります。体温を上昇させることは、朝から活発にからだを動かす上で、とても重要です。朝食を摂取することでエネルギーを補給するとともに、体温を上昇させることで、1 日の活動をスタートさせる準備をしっかり整えてあげたいものです。

　また、朝から朝食をしっかり摂取することは、良好な排便リズムをつくることにも繋がります。前橋[6]は、朝、胃の中に食べ物が入ってくると、腸が蠕動運動を始め、食物残差を押し出そうとし、朝の排便に繋がると述べています。また、服部らの調査[10]では、朝の排便が少ない幼児ほど、疲労症状が多いことを報告しています。子どもたちが、自宅で排便を済ま

せ、万全な体調で園に向かうことができるようにするためにも、毎日の朝食は大切にしたいものです。

　しかし、朝食は、食べていれば、内容は何でもよいというわけではありません。近年では、ごはんまたはパンのみしか食べないという幼児も増えています。しかし、それでは子どもたちは栄養不足となり、日中に元気いっぱい活動することはできません。子どもたちが、心身ともに健やかに成長していくためには、栄養のバランスがとれた朝食を摂取する必要があります。炭水化物（ごはんやパン等）、たんぱく質（牛乳やヨーグルト、チーズ、卵など）、ビタミン・ミネラル（野菜やくだもの等）など、朝のからだが必要としている栄養素をバランスよくとることができる組み合わせを考え、子どもたちに食べさせてあげることが大切です。

3.　運動不足と外あそびの減少

　2012（平成24）年に文部科学省が策定した幼児期運動指針[11]では、幼児期の子どもの身体活動・運動（からだを動かすことやあそび）について、①活発にからだを動かすあそびが減っている、②からだの操作が未熟な幼児が増えている、③自発的な運動の機会が減っている、④からだを動かす機会が少なくなっていることの4つを主な問題点として挙げており、幼児期の子どもたちの身体活動量の減少による体力・運動能力の低下が心配されています。中でも、幼児期の子どもたちの外あそび時間の減少は、深刻な問題を抱えています。前述の幼児期運動指針では、多くの幼児がからだを動かす実現可能な時間として、「毎日、合計60分以上」からだを動かすことが望ましいことを目安として示しているにもかかわらず、髙橋の調査[12]（2009〜2018年）では、1歳〜6歳までの保育園に通う幼児を対象に外あそび時間を調べたところ、年齢、性別に関わらず、その平均値は概して30分以下になっていたこと、降園後の外あそび時間が60分を超える幼児の割合は、男女ともに10〜20%にとどまっていたことが報告されています。子どもたちの心身の健やかな成長を考えると、外あそびを推進

し、子どもたちが外でからだを動かす機会や時間を増やすことは、喫緊の課題であると言えるでしょう。

　では、子どもたちの外あそび時間を減少させている要因は、何なのでしょうか。早稲田大学の前橋[13)]を代表とする「子どもの健全な成長のための外あそびを推進する会」は、外あそび時間の減少の要因について、近年の子どもたちを取り巻く生活環境の大きな変化による3つの間：サンマ（空間・時間・仲間）の不足を挙げ、子どもたちが日常的に外あそびをすることの難しさについて言及しています。

　空間については、「子どもたちが遊ぶ声や音がうるさい」「ボールあそびは、他の利用者に迷惑がかかるため禁止」など、近隣住民の理解の欠如や公園でのあそびのルールの厳格化によって、子どもたちの遊ぶ場所や遊び方が制限されてしまうといった現状があります。次に、時間については、ゲームやデジタルデバイスの過度な使用や、子どもたちのあそび内容の変化、塾や習い事に費やす時間の増加により、外あそびに費やす時間の減少や外あそび自体への興味・関心が薄れてしまっている現状があります。最後に、仲間については、園庭や近隣の公園など、身近で安全に遊ぶことができる場所の減少や、友達と遊ぶことよりも塾や習い事に通うことを優先する親の意識の変化などにより、降園後にいっしょに遊ぶ仲間が減少している現状があります。これら3つの間（サンマ）が不足していることは、子どもたちが外あそびをする時間の確保を難しくしている大きな要因となっています。

　子どもたちの心身の健やかな成長のためには、近年、急激に減少してしまった子どもたちの外あそび時間を復活させることが必要不可欠です。子どもたちの外あそび時間を確保するために必要なサンマ（空間・時間・仲間）を増やし、外で思いっきりからだを動かして遊ぶことができるよう、園・保護者・地域・行政・国が一体となり、社会全体でこの課題に取り組んでいくことが大切です。

文　献

1) Carskadon, W.C. and Dement, M.A.：『Normal Human Sleep』Principles and Practice of Sleep Medicine, pp.16-26, 2011.

2) 神山　潤：『子どもの睡眠 ― 眠りは脳と心の栄養 ―』芽ばえ社，2003.

3) 三島和夫・有竹清夏・高橋清久：「睡眠障害の基礎と臨床」『現代社会と睡眠障害（精神科）12』pp.149-154，2008.

4) 前橋　明：『成長期の子どもの生活リズム，健康ふしぎ発見ニュース，からだの不思議4』p.4，健学社，2017.

5) 学研教育総合研究所（2019）：幼児の日常生活・学習に関する調査（起床時刻），https://www.gakken.co.jp/kyouikusouken/whitepaper/k201908/chapter4/01.html，（閲覧日：2023年6月3日）.

6) 前橋　明：『外あそびのススメ ― ぼくも遊びたい、わたしも入れて！！ ―』大学教育出版，pp.64-66，2022.

7) 神山　潤：『夜ふかしの脳科学　子どもの心と体を壊すもの』中央公論新社，2005.

8) 前橋　明：「最近の子どものあそびと生活習慣」『発育発達研究』p.18，2004.

9) 文部科学省：『家庭で・地域で・学校で　みんなで早寝早起き朝ごはん～子どもの生活リズム向上ハンドブック第3章』p.23，2007.

10) 服部伸一・足立　正・上田茂樹：「幼児の生活状況と疲労症状との関連について」『社会福祉学部研究紀14（2）』2008.

11) 文部科学省：『幼児期運動指針ガイドブック』pp.29-46，2012.

12) 髙橋昌美：「幼児の生活と余暇時間の過ごし方および健康管理上の課題」『早稲田大学博士論文』2020.

13) 子どもの健全な成長のための外あそびを推進する会：もっと知ろう、外あそび！ 外あそびの現状，https://kodomo-sotoasobi.com/kankyo/genjo.html，（閲覧日：2023年6月3日）.

（板口真吾）

第4章　幼児期におけるメディアとの適切な関わり方

　現代社会において、子どもたちは、日常的にテレビやビデオ、スマートフォン等、様々なメディア機器に触れながら成長しています。テクノロジーの進化により、幼児期からメディアが身近な存在となった中で、保護者や保育者が注意を払うべきポイントや、適切なメディア利用の促進に向けたアプローチが模索されています。この章では、幼児のメディア利用に関する研究知見を通して、幼児期における適切なメディアとの関わりについて学んでいきましょう。

1.　メディア視聴時間の増加による影響

　日本の幼児の生活習慣は、大人社会の夜型化や就労する母親の増加[1]などの影響を受けて、就寝時刻が遅くなり、幼児にとって夜間に必要とする10時間以上の睡眠時間[2]を確保させてくれない状況にあると言えます。その中で、早稲田大学子どもの健康福祉学（前橋　明）研究室では、2003年より全国の子どもたちの生活習慣調査[3]を行い、各地域の子どもたちが抱える・抱えさせられている健康管理上の問題点を把握・分析してきました。そして、問題解決のための予防策の提示やポスター作成[4, 5]および現地での講演や運動指導などの啓発活動や問題改善活動[6～13]を展開し、子どもたちの生活リズムを整えるための方策を発信してきました。生活習慣調査の結果からは、幼児の睡眠時間が短くなる要因として、①長いテレビ

視聴時間 [14]、②夕食開始時刻の遅さ [15]、③体力・運動能力の低下 [16] など
があげられています。

　この３つの要因から、①の長いテレビ視聴時間に注目し、テレビ視聴
に関する過去の研究や提言を調べたり、生活習慣調査を行ったりしたとこ
ろ、以下の事柄が分かりました。

・テレビ・ビデオ視聴時間が長くなるにつれ、人見知りと発語の発達通
　過率が有意に低下する（加納亜紀、2003 [17]）。
・４時間以上のテレビ・ビデオ視聴をする幼児は、４時間未満の幼児に
　比べて、発語開始時期が有意に遅いことや、トイレに並んだり、あそ
　びの順番を守ったりする社会性の発達通過率が有意に低い（加納亜
　紀、2007 [18]）。
・１日にテレビを２時間以上視聴する幼児は、視聴時間が２時間未満の
　幼児よりも、毎晩、絵本の読み語りをしてもらっている割合が有意に
　少ない（栗谷とし子、2008 [19]）。
・テレビ・ビデオ視聴時間が平均の１時間31分よりも短い群の方が、
　長い群に比べて、両手握力、跳び越しくぐり、25m 走、立ち幅跳び
　の種目において、高月齢男児に良い記録を確認した（長谷川　大、
　2009 [20]）。
・２歳未満の子どもについては、テレビ視聴を避けるように促すべきで
　あると発信する（アメリカ小児科学会、2011 [21]）。
・「２歳までのテレビ・ビデオ視聴は控えること」や「１日のメディア
　接触総時間は２時間を目安と考える」等と提言する（日本小児科医会、
　2004 [22]）。

　これらのことから、過度なテレビ視聴は、言語の発達の遅れ、体力・運
動能力の低下、親子のふれあい時間の減少など、幼児の健全な成長を阻む
様々な生活要因になりうる可能性が示唆されました。
　そこで、朝食時のテレビ視聴の有無別に、幼児の生活習慣とそのリズム

に及ぼす影響の研究 [23] を行ったところ、朝食時にテレビを見る群の幼児の1日の平均テレビ視聴時間は、1時間44分（5歳女児）～2時間12分（5歳男児）であり、テレビを見ない群の幼児［平均1時間1分（4歳女児）～1時間16分（5歳男児）］よりも、長いことが分かりました。このことから、朝食時のテレビ視聴を控えることが、近年、夜型化している幼児の1日のテレビ視聴時間を短くし、1日の生活リズムを良くするための1つのきっかけになると考えました。

　しかし、現代では、普及率 [24] が9割を超えるテレビ以外にも、パソコン（71.6%）をはじめ、携帯電話やスマートフォン（94.8%）等、動画を視聴できる機器の所有率も70.0%を超えました。以前は、テレビ放送のみだった動画の視聴が、DVDやビデオ等の録画番組や、パソコンやスマートフォンの動画を見ることや、撮影した動画を楽しむこと等に変わってきており、多数の機器が存在する時代となっています。また、幼稚園における各種メディア機の普及状況を調べた調査 [25] によると、普及率が、テレビ（93.0%）、ビデオ・DVDレコーダー関連（84.0%）においては8割を超えており、また、幼児が動画視聴時に利用する機器の調査 [26] では、テレビ以外にも、スマートフォンやタブレット端末を利用する幼児が約4割存在することも分かっています。さらに、スマートフォンのアプリを使い、中・高校生のテスト対策や受験対策の動画授業が閲覧できるサービスの配信や、大手通信教育企業にて学習専用タブレットが利用できるサービスもあり、いつでもどこででも動画を視聴できる便利さから、教育現場においても動画の活用が進んでいることは、皆さん周知の事実です。

　さらに、内閣府の調査によると、青少年のインターネット利用率 [27] は、小学生で96.0%、中学生で98.2%、高校生で99.2%と、学年が上がるにつれて上がっており、いずれの年代の子どもたちも利用内容の第1位には「動画視聴」があげられていたこと [27] からも、動画を視聴できる機器が幼児の生活の中にも存在する時代となったと言えるでしょう。つまり、幼児にとって、健康的な生活リズムで毎日を過ごすことと、学びや情報収集のために必要な動画視聴とは、うまく付き合っていくことが欠かせないこと

であり、動画視聴の研究は、未来を担う幼児にとって必要な研究と言えます。

だからこそ、これまでは確認されていませんでしたが、今後は「動画視聴」として研究を行う必要があり、動画視聴は幼児の今後の成長過程にとってもかかわりが継続するため、研究を行う意義があると考えました。今回、それらの研究の中から2つの研究を中心に、研究とその結果から得た知見を、皆さんにお伝えしたいと思います。

（1）生活リズムの良い（9時までに寝る早寝・7時までに起きる早起き・夜は10時間以上の睡眠を確保している）幼児の動画視聴の特徴（研究1[28)]）

（2）動画視聴時間別にみた幼児の体力・運動能力（研究2）

2. 生活リズムの良い（早寝・早起き・10時間以上の睡眠時間を確保している）幼児の動画視聴の特徴

3～6歳の幼児1,387人（男児723人、女児664人）の保護者に対して、幼児の生活習慣と動画視聴に関する実態調査を、調査用紙を用いて実施しました。そして、その対象を、早寝（21時前に就寝）、早起き（7時前起床）、10時間以上睡眠ができている幼児（以下、Ⅰ群）とできていない幼児（以下、Ⅱ群）に分け、早寝・早起き・10時間以上睡眠のできている幼児の特徴をつかむために、比較・分析を行いました。その結果、

（1）早寝・早起き・10時間以上の睡眠時間の確保ができている家庭の幼児（Ⅰ群）の平均就寝時刻は、その他の幼児よりも早く、22時以降に就寝する幼児の割合も少なかったです。さらに、平日登園前の平均動画視聴時間は、Ⅰ群幼児の方が10分程度短く、登園前の動画視聴時間が0分の幼児の割合は、Ⅰ群幼児が多かったことから、登園前の動画視聴を控えることが、幼児の早寝早起きのリズムに近づける1つのきっかけになると期待しました。

（2）5歳・6歳になると、生活時間と動画視聴関連項目の間に関連性
　が確認されました。動画視聴が長くなることの影響が、就寝時刻の遅
　れや遊ぶ人数の少なさといった生活時間や生活活動に現れてくるの
　は、年齢が進んでからと推察しました。特に、動画視聴時間が長くな
　ると遊ぶ人数が少なくなる傾向のあった6歳女児は1日の合計動画視
　聴時間の平均も一番長く、遊ぶ人数も少なかったです。このことから
　複数人でのダイナミックなあそびの機会が減り、普通体型の幼児の割
　合が 45.5% という少なさにつながったのではないかと考察しました
　（図 4-1）。

（3）早寝・早起き・10 時間以上の睡眠時間の確保ができている家庭の
　幼児の方が、動画を人といっしょに見る割合が多いことを確認しまし
　た。動画をいっしょに見ることで、朝のトイレタイムの促しや、寝る
　前の準備、布団に入るタイミング等、保護者が幼児への言葉がけをス

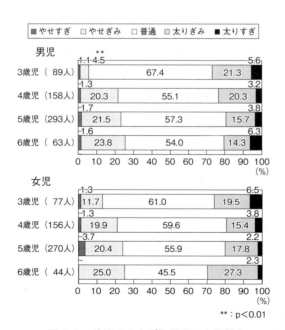

図 4-1　幼児のカウプ指数別の人数割合

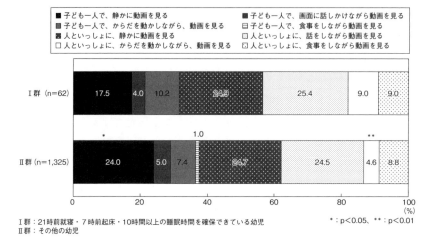

図 4-2　睡眠習慣別にみた幼児の動画視聴の仕方別人数割合

ムーズに行えるものと考えました（図 4-2）。

3. 動画視聴時間別にみた幼児の生活習慣と体力・運動能力

　続いて、登園前の動画視聴時間が 0 分の幼児は、本当に生活習慣が良いのかどうかを確認するために、登園前の動画視聴時間が 0 分の幼児（以下、Ⅲ群）と登園前の動画視聴時間が 1 分以上の幼児（以下、Ⅳ群）に分けて、比較・分析を行いました。その結果、

（1）登園前の動画視聴が 0 分のⅢ群幼児は、その他の幼児に対して普通体型の割合が多く、体力・運動能力の記録が良い傾向でしたが、外あそび時間はⅢ群幼児の方が短い群が多かったことから、平均就寝時刻が早く平均睡眠時間の長いⅢ群幼児は朝からスッキリとし、活動的であるため、同じ時間外あそびを行ったとしても、実際に動いている時間や負荷が異なり、体格や体力・運動能力に違いが生じたのではないかと考えました（図 4-3）。

（2）登園前の視聴が 0 分のⅠ群幼児の方が、年齢が上がっても、帰宅

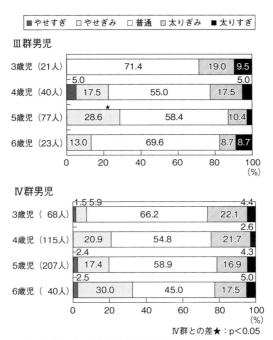

図 4-3　登園前の動画視聴の有無別にみた幼児の体格別人数割合

　後や 1 日合計の動画視聴時間は長くなっていきませんが、登園前の動画視聴が 1 分以上のⅢ群幼児では 3 歳（ 1 時間 38 分）＜ 4 歳（ 1 時間 56 分）・ 5 歳（ 1 時間 53 分）＜ 6 歳（ 2 時間 10 分）と、長くなっていきました。登園前の視聴を控えることは、年齢が進んで、自分の興味で行える範囲が拡がってからも、動画視聴をコントロールしやすくなるのではないかと推察しました。

　以上が結果ですが、最後に、動画視聴との上手な付き合い方として、下記を提案したいと考えます。

・家庭で、子どもが動画視聴を行う際は、親子のコミュニケーション時間の 1 つとすることを推奨し、楽しい音楽の動画であれば、いっしょ

表 4-1　登園前の動画視聴の有無別にみた幼児の動画視聴時間

Ⅲ群男児 (登園前の動画 視聴 0 分)	3 歳 (n＝22)	4 歳 (n＝43)	5 歳 (n＝105)	6 歳 (n＝23)
平日登園前の 動画視聴時間	0 分	0 分	0 分	0 分
平日帰宅後の 動画視聴時間	58 分±43 分	56 分±45 分	59 分±52 分	52 分±35 分
1 日合計 動画視聴時間	58 分±43 分	56 分±45 分	59 分±52 分	52 分±35 分
Ⅳ群男児 (登園前の動画 視聴 1 分以上)	3 歳 (n＝77)	4 歳 (n＝133)	5 歳 (n＝256)	6 歳 (n＝45)
平日登園前の 動画視聴時間	30 分±20 分***	29 分±15 分***	31 分±18 分***	31 分±17 分***
平日帰宅後の 動画視聴時間	1 時間 08 分±48 分	1 時間 27 分±68 分***	1 時間 22 分±52 分***	1 時間 38 分±62 分***
1 日合計 動画視聴時間	1 時間 38 分±62 分**	1 時間 56 分±75 分***	1 時間 53 分±62 分***	2 時間 10 分±69 分***

Ⅲ群に対する差：**：$p < 0.01$，***：$p < 0.001$

にからだを動かしながら見るように心がけることを提案します。ま
た、長い動画視聴の影響は、年齢を重ねて、5 歳以降から生活面に出
てくるため、習慣化させないよう、コントロールしながら付き合って
いきましょう。

・動画視聴時間を短くするためには、まずは食事中の視聴を減らした
　り、登園前の朝のタイミングを活用したりすることが、1 日の動画視
　聴時間を短くし、生活リズムが健康的に整うきっかけの 1 つになると
　期待しています。

・各家庭の保護者の就労状況、家族構成などの環境や状況は多様である
　からこそ、家庭にあった取り組みを、子どもを含めて話し合い、家族
　の中で決めて実行することが大切と考えます。例えば、家族でいっ
　しょに動画視聴のルールについて話し合い、子どもができることや楽
　しく取り組めることを見つけていくことを提案します。

文　献

1)　厚生労働省：平成 29 年度国民基礎調査概要，https://www.mhlw.go.jp/toukei/saikin/hw/k-tyosa/k-tyosa17/dl/02.pdf（2022 年 8 月 20 日確認）.

2)　National Sleep Foundation：National Sleep Foundation Recommends New Sleep Times,https://www.sleepfoundation.org/press-release/national-sleep-foundation-recommends-new-sleep-times（2022/ 8 /20 確認），2022.

3)　前橋　明：資料 1「幼児の生活習慣調査へのご協力のお願い」，『食育学研究 3（2）』pp.28-29，2008.

4)　埼玉県所沢市：年齢別の「親子ふれあい体操」冊子，http://www.city.tokorozawa.saitama.jp/kenko/karadakenkou/kodomonohoken/fureaitaisou.html（2022/10/09 確認）.

5)　岡山県井原市：いばらっ子生活リズム向上プロジェクト，http://www.city.ibara.okayama.jp/docs/2017012200012/（2022/10/09 確認）.

6)　新潟県小千谷市：「食べて、動いて、よく寝よう」運動の推進，https://www.pref.niigata.lg.jp/uploaded/attachment/209655.pdf（2022/10/09 確認）.

7)　前橋　明・松尾瑞穂・石井浩子・浅川和美・黒島さくら・越道あゆみ・尾木文治郎：「幼児・児童の健康づくりシステムの構築 — 沖縄キャラバンの企画と実践 —」『子どもの健康福祉研究 11』pp.1-23，2010.

8)　前橋　明・松尾瑞穂・石井浩子・浅川和美・黒島さくら・越道あゆみ・尾木文治郎：「幼児・児童の健康づくりシステムの構築 — 高知県親子スポーツフェスタの企画と実線 —」『子どもの健康福祉研究 11』pp.24-41，2010.

9)　前橋　明・石井浩子・松原敬子ほか 11 名：「子ども支援の 2014 年沖縄キャラバン — 12 月 18 日〜 12 月 28 日 —」『幼児体育学研究 7（1）』pp.49-86，2015.

10)　小石浩一・吉永美奈子・藤田倫子・前橋　明：「親子ふれあい体操の企画と実践 — 2015 年の「ところっこ」の健康づくり支援活動報告 —」『子どもの健康福祉研究 27』pp.83-90，2017.

11)　廣中栄雄：「子ども支援のフィリピンキャラバンの企画と実践」『子どもの健康福祉研究 27』p.91，2017.

12)　照屋真紀：「子ども支援の沖縄キャラバン報告」『子どもの健康福祉研究 27』pp.164-166，2019

13)　前橋　明：「沖縄の子ども支援　2018 年度沖縄キャラバン報告」『幼児体育学研究 11（2）』pp.1-96，2019.

14)　服部伸一・足立　正・嶋崎博嗣・三宅孝昭：「テレビ視聴時間の長短が幼児の生活習慣に及ぼす影響」『小児保健研究 63（5）』pp.516-523，2004.

15)　松尾瑞穂・前橋　明：「沖縄県における幼児の健康福祉に関する研究」『運動・健康教育研究 16（1）』pp.21-49，2008.

16) 前橋　明：子どもの生活リズム向上戦略―「「食べて、動いて、よく寝よう！」運動の奨励―」『レジャー・レクリエーション研究79』pp.41-44，2016.

17) 加納亜紀・高橋香代・片岡直樹：「テレビ・ビデオの長時間視聴が幼児の言語発達に及ぼす影響」『日本小児科学会雑誌108（11）』pp.1391-1397，2004.

18) 加納亜紀・高橋香代・片岡直樹：「3歳児におけるテレビ・ビデオ視聴時間と発達との関連」『日本小児科学会雑誌111（3）』pp.454-461，2007.

19) 栗谷とし子・吉田由美：「幼児のテレビ・ビデオ視聴時間，ゲーム時間と生活実態との関連」『小児保健研究67（1）』pp.72-80，2008.

20) 長谷川　大・前橋　明：「保育園幼児の生活状況と体力・運動能力との関連―テレビ・ビデオ視聴時間とのかかわりを中心に―」『幼少児健康教育研究15（1）』pp.32-48，2009.

21) American Academy of Pediatrics POLICY STATEMENT : Media Use by Children Younger Than 2 Years,PEDIATRICS（128），https://publications.aap.org/pediatrics/article/128/5/1040/30928/Media-Use-by-Children-Younger-Than-2-Years（2022/10/15確認），2011.

22) 谷村雅子・高橋香代・片岡直樹・冨田和巳・田辺　功・安田　正・杉原茂孝・清野佳紀：「乳幼児のテレビ・ビデオ長時間視聴は危険です」『日本小児科学会雑誌108（4）』pp.709-712，2004.

23) 五味葉子・前橋　明：「朝食時のテレビ視聴が幼児の生活習慣とそのリズムに及ぼす影響」『レジャー・レクリエーション研究87』pp.17-27，2019.

24) 内閣府：消費動向調査〈総世帯〉第5表主要耐久消費財等の普及・保有状況（令和4年3月末現在），https://www.e-stat.go.jp/stat-search/file-download?statInfId=000032190011&fileKind=1（2022/8/27確認），2022.

25) 小平さち子：「幼児教育におけるメディアの可能性を考える～2015年度幼稚園におけるメディア利用と意識に関する調査を中心に～」『放送研究と調査2016（7）』pp.14-37，2016.

26) 行木麻衣・築比地真理：「幼児のテレビ視聴，録画番組・DVD，インターネット動画の利用状況～2021年「幼児視聴率調査」から～」『放送研究と調査2021（12）』pp.46-64，2021.

27) 内閣府：令和3年度 青少年のインターネット利用環境実態調査，https://www8.cao.go.jp/youth/kankyou/internet_torikumi/tyousa/r03/net-jittai/pdf/2-1-1.pdf，2022.

28) 五味葉子・前橋　明：「動画視聴が幼児の生活習慣とそのリズムに及ぼす影響」『レジャー・レクリエーション研究97』pp.33-49，2022.

（五味葉子）

第5章　子どもの発育・発達

　子どもの特徴は、常に発育・発達していることです。発育は身体の量的な増大、発達は機能的な成熟を表します。発育・発達には個人差がありますが、目安を知ることも大切です。この章では、子どもの発育・発達について学びを深めましょう。

1. 乳児期の発育・発達と運動

　出生時の体重は約3kgで、男の子の方がやや重い特徴があります。出生時の体重が2.5kg未満の乳児を低出生体重児、1kg未満を超低出生体重児といいます。

　体重は、3～4か月で約2倍、生後1年で約3倍、3歳で4倍、4歳で5倍、5歳で6倍と変化します。身長は、出生時が約50cm、生後3か月の伸びが最も顕著で、約10cm伸びます。生後1年間で24～25cm、1～2歳の間で約10cm、その後、6～7cmずつ伸び、4～5歳で出生時の約2倍に、11歳～12歳で約3倍になります。

　運動の発達は、直立歩行ができるようになるまでに、様々な形態で移動し、次第に、腕や手が把握器官として発達します。まず、生まれてから2か月ほどで、回転運動（寝返り）をし、這いずりを経験します。6か月頃には、一人でお座りができ、8か月頃には、這い這いができ、胴体は床から離れます。そして、伝い立ち、伝い歩き、直立歩行が可能となります

が、人的環境の積極的な働きかけがあってこそ、正常な発達が保障されるということを忘れてはなりません。

　その後、小学校に入学する頃には、人間が一生のうちで行う日常的な運動のほとんどを身につけています。この時期は、強い運動欲求はありますが、飽きっぽいのが特徴です。

2. 発達の順序性と幼児期の運動

　運動機能の発達は、3つの特徴があります。
① 　頭部から下肢の方へと、機能の発達が移っていく。
② 　身体の中枢部から末梢部へと運動が進む。
③ 　大きな筋肉を使った粗大な運動しかできない時期から、次第に分化して、小さな筋肉を巧みに使える微細運動や協調運動が可能となり、意識（随意）運動ができるようになる。

　発育・発達には、ある一定の連続性があり、急速に進行する時期と緩やかな時期、また、停滞する時期があります。幼児の運動機能の向上を考える場合、第1に器用な身のこなしのできることを主眼とし、はじめは、細かい運動はできず、全身運動が多くみられますが、4〜5歳くらいになると、手先や指先の運動が単独で行われるようになります。

　5〜6歳になると、独創的発達が進み、さらに、情緒性も発達するため、あそびから一歩進んで体育的な運動を加味することが大切になってきます。競争や遊戯などをしっかり経験させて、運動機能を発達させましょう。跳躍距離は、5歳児では両足とびで自身の身長分跳べ、6歳児になると3歳児の2倍近くの距離を跳べるようになります。これは、脚の筋力の発達と協応動作の発達によるものです。

　投げる運動では、大きな腕の力や手首の力があっても、手からボールを離すタイミングを誤ると、距離は伸びません。懸垂運動は、筋の持久性はもとより、運動を続けようという意志力にも影響を受けます。

　幼児期では、運動能力、とくに大脳皮質の運動領域の発達による調整力

の伸びがはやく、性別を問わず、4歳頃になると急にその能力が身についてきます。これは、4歳頃になると、脳の錐体細胞が急に回路化し、それに筋肉や骨格も発達していくためでしょう。発育・発達は、それぞれの子どもによって速度が異なり、かなりの個人差のあることをよく理解しておかねばなりません。

　児童期になると、からだをコントロールする力である調整力が飛躍的に向上します。乳幼児期からの著しい神経系の発達に筋力の発達が加わり、構造が複雑な動作や運動が可能となります。スポーツ実践においても、乳幼児期に行っていたあそびから進化して、ルールが複雑なあそびや、より組織的な運動やスポーツ、教育的なプログラムを加味した体育あそびに変化していきます。

3.　言葉の意味：「どうもありがとう」について

　対人関係がなかなか成立しない自閉傾向の子どもに対し、水を通した療育「水泳療法」を手がけた時の話です。カズ君という男の子がビート板を持って、バタ足の練習をしていました。ヘルパーを腰につけて、からだを浮かせて、ビート板を両手で持って、「あんよ・トントン。あんよ・トントン」と、指導者が言葉をかけて、バタ足を指導していました。カズ君は、ビート板を持って、「どうもありがとう」と言うのです。ありがたいと感じてくれているんでしょう。「頑張ろうね！」トントントントントンと、練習を続けていました。

　次に、私の所にカズ君が来た時に、私もカズ君の足を持って、同じように「頑張ろうね！」と言うと、「どうもありがとう」と、ちょっと大きな声で私に言うのです。このやり取りを続け、繰り返しながら、再度、私のところに戻ってきたときに、「がんばろうね、カズ君」と言って、バタ足の練習を続けていました。「どうもありがとう」という声が少し大きくなったので、「元気ね。だったら深い方へ行こうか！　先生もいっしょに行くからね！」と誘いました。深いプールに入って、一生懸命にカズ君と関わり

合いながら応援しようと思ったのですが、カズ君は、ビート版を持った手を噛むのです。そして、奇声を発してパニックを起こしたのです。

　私はびっくりして、すぐお母さんところにカズ君を連れて行きました。お母さんに、「カズ君の調子は良いけれども、なんか調子悪いんです」と、分かったような、分からないことを言ってしまいました。するとお母さんが一言、「うちのカズは、何か言いませんでしたか？」と尋ねられました。私は、「カズ君は、どうもありがとうって、感謝してくれているんですけど」と答えました。「前橋先生、うちのカズが、どうもありがとうっていうのは、余計なおせっかいをするな！　と訴えているのです」と、教えてくれました。

　私は、カズ君が感謝してくれていると勘違いしながら、「カズ君、頑張ろう、頑張ろう」と、働きかけていたのでした。障害をもった子どもの言葉のもつ意味をしっかり理解しておかないと、子どもの希望とは逆のことを強制してしまうという失敗でした。言葉のもつ意味まで、分かっているようで、分かっていない自分がいました。子ども理解は、結構、難しいですね。

4.　子ども理解とごっこ

　筆者は、仕事として障がい児の訓練をしながら、「一般の子どもたちが、例えば、３歳のレベルで、どの程度のことができるのか、４歳になると、どんなことができるのか」と一般の子どもたちの発育・発達に、非常に興味をもっていました。

　そこで、週に何時間かは、一般の子どもたちのいるところへ行って、研修をさせていただきたいと、病院の医院長に伺いを立てたことがありました。そうすると、医院長は、「保育園に行ってきなさい」と勧めてくださいました。「履歴書を書いて、保育園にお邪魔して研修させてもらいなさい。週に１日、行ってきなさい」と、許可をいただきました。

　そして、保育園で、自由に子どもたちと遊ぶことになりました。保育園

の園長先生が、私の履歴書を見て、「前橋先生は、教員免許状をもっているんですね。だったら、子どもにあそびや運動を教えてやってもらえますか？」と言われました。私もしたいですけれど、保育園の元気な子どもたちとは関わっていなかったので、難しいかなと思いながらも、「はい、分かりました」と言ったのでした。何をしようかと考えてみました。良い案が浮かばなかったので、自分が小さい頃、よく行ったあそびの中で、楽しかったあそびをしてみようと思い、鬼ごっこをしようと考えたのです。

（1）鬼ごっこ

「園長先生、鬼ごっこを子どもたちに教えてもいいですか？」と尋ね、「いいですよ」と許可をいただき、前に出て指導することになりました。園長先生が最初に集めてくれた子どもたちは、3歳の女の子でした。3歳の女の子14人が、私のまわりに集まってきました。私が優しい口調で、「みんな、前橋先生といっしょに、鬼ごっこする？」と聞くと、女の子たちは「する。する！」と言ってくれました。「やった！」と思ったんですね。そして、「先生は、鬼だぞ！」「みんなは、子どもになって逃げるんだよ。分かった？」と伝え、いろんな所に勝手に行ってもらっては困るので、足で線を描き、あそびの区域を作りました。あそび区域を示す線の中に入って、手で鬼の角を作りながら、「鬼だぞ！ 追いかけるぞ！」と、鬼ごっこを始めだしました。そして、一人の女の子を捕まえたのです。

すると、なんと、その子が泣き出したのです。私はびっくりしましたね。鬼ごっこをしてる中で、転んでもないのに、泣くから驚いてしまいました。「ごめん、ごめん、もう鬼ごっこをやめるよ」と言いました。子どもは、恐かったのでしょう。泣きながら、「もう、鬼ごっこ、しない？」と訴えるのでした。「鬼ごっこは、もうしないからね」と言っている間に、次々と女の子が、連鎖して、みんな泣いてしまったのです。びっくりしましたね。鬼ごっこは止めて散歩に誘いましたが、子どもたちは、「散歩に行っても、鬼は、出ない？」と尋ねるのでした。私は、非常にショックでしたね。鬼ごっこがまったくできませんでした。

　私は、もう一度チャレンジしようと思い、再度、園長先生にお願いをしました。「男の子に指導させてもらえませんか？　男の子と鬼ごっこ行ってみたいです」と、言ってしまったのです。そして、園長先生は、「3歳組の男の子、集まれ！」と言って、13人の男の子を集めてくださいました。女の子の時と同じように、園長先生が私を紹介してくれ、始まりました。私は、「みんなといっしょに鬼ごっこしたいんだけど、みんな、する？しようね！」と誘いました。子どもたちは、「やろう！　やろう！　早くしよう！」と答えてくれました。子どもたちの気持ちをつかんだと、喜んだ一瞬でした。「じゃあね、前橋先生は、鬼になるぞ！」「みんな逃げるんだよ。分かった？」と。子どもたちは、「分かった、分かった。早くやろう！」と盛り上がりました。

　女の子の時と同じように、「鬼だぞ！」と言いながら、男の子たちを追いかけ始めました。そうすると、男の子たちは最初逃げていましたが、一人の男の子が戦闘ポーズをとり始めたのです。そして、私に、「パンチ！」と言いながら、向かってきて、叩いたり、蹴ったりし始めました。また、ほかの男の子は、両手で指先を立てて、私のお尻をめがけて、「浣腸だ！」と突いてきました。鬼ごっこから戦闘ごっこ、そして、浣腸ごっこが始まったのでした。最後には、全員でのプロレスごっこになっていきました。結局、男の子はそのあふれる正義感から、ヒーローごっこをし始めたのでした。

　私は、鬼ごっこであれば教えられると思ったのですが、教えられませんでした。私自身、子どもの頃、鬼ごっこをたくさん経験したはずでしたが、幼児には、まったく通用しなかった思い出となりました。25歳の私が行ったあそびは、ごっこ（まねっこ）あそびではなくて、鬼ごっこという名前のゲームでした。「鬼は追いかける者、子は逃げる者」という、決まったゲーム性の強いあそびを、私は行っていたのです。しかし、3歳の幼児は、ごっこ的世界の中にいて、ヒーローごっこやプロレスごっこ、浣腸ごっこを展開したのでした。

（2）　ままごとごっこ

　あそびの代表的なもので、ままごとごっこというのがありますが、私は、小学校の2年生まで、近所の友だちとままごとごっこをしていました。けんちゃんという男の子、けいこちゃんとせっちゃんという女の子がいました。私は、この3人と、仲良く遊んでいました。けいこちゃんが、一番に、「けんちゃん、お父ちゃんになって！」と呼びかけ、1組の家族ができました。せっちゃんも、私に「お父ちゃんになって！」と私を誘ってくれて、もう1組の家族ができ、ままごとごっこをしていました。

　私たちのままごとごっこは、帰宅のシーンから始まっていました。私が仕事から帰ってくると、「帰ったぞ！　めし！」って言うんですね。自分の父親の真似をしていましたね。そうすると、せっちゃんは、「はーい！」と言って、おもちゃの包丁で草を切ってくれて、フライパンをもって野菜炒めを作ってくれたのでした。けんちゃんは帰ってきたら、「帰ったよ」「何か手伝おうか」って言うんですね。けんちゃんは、とても優しいです。おそらく、けんちゃんは、けんちゃんのお父さんを真似していたのでしょう。十人十色のお父さんを演じて真似っこができるのが、ままごとごっこです。決まったお父さんの形はないわけです。いろんなお父さんを演じてよいのです。

　鬼ごっこも、いろんな鬼ごっこがあってよいのでしょう。子どもたちも、次第にルールが分かってきて、ゲーム的な展開ができるようになってくると、ゲーム性が高いあそび、例えば、鬼は追いかけるもの、子は逃げるものという共通理解のもとで展開できる鬼ゲームができるようになっていくのです。

　私が言いたいことは、私たち大人はゲーム性の中で生活していますけれども、幼い子どもたちには、共通した一つのルールでもって展開するようなことは合わないようです。小さい頃はごっこ性の強いあそびが受け入れられ、だんだんゲーム性のあそびができるようになっていきます。ごっこの心をもたないと、幼児とは遊べないということですね。

　私は、ゲーム性で幼児期の子どもたちに切り込んで、失敗していたんで

すね。男の子に対しても女の子に対しても、子ども理解は難しいし、分かってるようで分かってないということが思い知らされた体験でした。

5. 言葉の理解

　言葉の理解、一つを取り上げても、難しい面があります。私の思い出ですけれども、幼児さんが運動会の練習をしていました。前を向いて、隊列を組んで歩いていました。行進をしていたのです。もっとしっかり腕を振ってもらいたいと思ったので、子どもの方に「しっかり手を振りなさい！」と指導した時です。子どもは、私に手を振るのでした。ちょっと、共通した理解がもてませんでした。

　ひろ君という子が、４月から幼稚園への入園を予定していました。そのひろ君と、入園前の３月に接した時の話です。「ひろ君、今年、幼稚園に行くんだね」と言うと、ひろ君がこう言うのです。「ことし幼稚園じゃねえ、ひかり幼稚園に行くんだ！」。私は、今年から幼稚園に上がるんだねっていう意味で「今年、幼稚園だね」と言ったのですが、「そうじゃないよ。ひかり幼稚園だよ」と。子どものことば理解は、非常に楽しいですね。言葉の理解、一つを取り上げても難しいなと思い知らされました。

　「さあ、みんなで手をつないで輪になって」と言うと、子どもたちは寝転んで手をつなぎ合ってワニになるんですね。ワニの真似っこをするんですね。そう思ったのでしょうね。子どもが理解している言葉でのやり取りは非常におもしろいですね。

6. 心理的発達と大人の理解

　幼児期の心理的、あるいは身体的な発達の面でも、いろいろと、私たちが戸惑うこともあります。価値観の発達をみますと、３歳の女の子のかけっこで、私たち大人には、「競争だから、早く行ってね」という思いがあります。私の友だちが親として、３歳の娘の運動会のかけっこを見学・応

援していました。私も、ついて行きました。「頑張ってね！」「一番になって！」

　「よーい・ドン」で、走りました。ところが、娘さんは速かったのですが、ゴールの近くで立ち止まったのです。どんどん抜かれていきました。なんで止まるのかなと思ったら、一番最後から、仲良しのお友だちが来ていたのです。その子と手をつないで、最後に、いっしょにゴールインしました。親は、「なぜ、一番にならないの！」って、「止まるんじゃなくて、早く行くのよ！」って言うのですが、その３歳の子どもさんにとっての価値観では、友だちと仲良くゴールする方がよかったのでしょう。

　そして、午前中に運動会が終わって、午後にその友だちの家を訪問しました。子どもたちは、家のまわりで泥んこあそびをしていました。お母さんがドーナッツを作って、「おやつだよ！　みんな、おいで！」って呼びかけると、みんなすごい勢いで、我先に集まってきたのです。お母さんは、一言、言いました。「お菓子は逃げないんだから、なぜ、みんな仲良くできないの！　押さないの！」って言ってしまったのです。朝と、同じお母さんですよ。午前中の運動会の時には、「人よりも早く一番になりなさい」という雰囲気で関わっていましたけれども、午後のおやつの時は、「お友だちと仲良くしさない」と言っていました。同じお母さんが、同じ子どもに対して、そんな話をしてしまったのですね。子どもの方も戸惑いましたね。いつ一番になって、いつ仲良くしたらよいのか、分からない。そんな状況を生み出しました。

7．からだの発育・発達理解

（1）身体各部のつり合いの変化
　からだの発達として、小さい時期は頭でっかち・胴長で、足が短くて、なかなかバランスが取りにくい状態にあります。鉄棒のバーに乗っても、おへその下あたりをバーに当ててバランスをとる大人とは違って、３歳くらいの幼児は、おへそよりも上ぐらいでバランスとっています。ですか

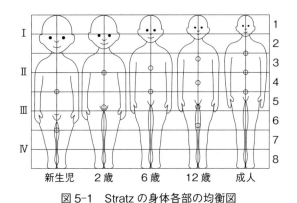

図 5-1　Stratz の身体各部の均衡図

ら、大人のように鉄棒のバーにおなかをつけて、「先生のように、手を伸ばして」と言うと、頭でっかち・胴長ですから、倒れてしまいます。要は、身体的な発達でも、3歳児の重心はおへそよりも上の方に来るので、大人と同じようなバランスとり方はできにくいということですね。

　また、運動会のかけっこですが、低年齢の子どもには直線コースがよいです。フィールドを使って、よたよたしながらもまっすぐの方向に走るというのが、動きやすいコース設定です。だんだん大きくなると、コーナーを回れるように調整力がついてきますが、低年齢の子どもがコーナーを回るのは非常に難しいです。頭でっかち・胴長ですから、運動会のかけっこでは、コーナーを回っていると、外に振られるという特徴がありますので、年齢レベルに応じたかけっこのコースの設定の仕方をよく考えなければなりません。

　それらの根拠ですけれども、ストラッツ（Strats）先生によって基本情報が報告されていますので、ご紹介します。身体各部分の均衡の変化について、ストラッツ先生の研究をもとに考察してみますと、図5-1で示すように、子どもというものは大人を小さくしたものではなく、身体各部の釣合は年齢によって変化することが分かります。

　例えば、頭身を基準にすると、新生児の身長は頭身の4倍、すなわち、4頭身です。2歳で5頭身、6歳で6頭身、12歳で7頭身、成人でほぼ8

頭身になります。

　つまり、幼児は、年齢が低い程、頭部の割合が大きく、四肢が小さいのです。その重い頭が身体の最上部にあるということは、身体全体の重心の位置がそれだけ高いところにくるわけで、不安定になり、転びやすくなります。

　しかも、幼児期は、からだの平衡機能の発達自体も十分に進んでいないため、前かがみの姿勢になったとき、層バランスがとりにくく、頭から転落し顔面をケガする危険性が増大するわけです。

（2）　臓器別発育パターン

　スキャモン（Scammon）先生の臓器別発育パターンの研究成果報告をご覧ください。発育・発達のプロセスにおいて、身体各部の発育も内臓諸器官における機能の発達も、決してバランスよく同じ比率で増大したり、進行したりするものではありません。スキャモン先生は、人間が発育・発達していくプロセスで、臓器別の組織特性が存在することに注目し、筋肉・骨格系（一般型）や脳・神経系（神経型）、生殖腺系（生殖型）、リンパ腺系（リンパ型）の発育の型を図にまとめ、人間のからだのメカニズムを理解する貴重な資料を私たちに提供してくれました（図 5-2）。

　①　一般型は、筋肉や骨格、呼吸器官、循環器官など、

　②　神経型は、脳や神経・感覚器官など、

　③　生殖型は、生殖器官、

　④　リンパ型は、ホルモンや内分秘腺などに関する器官の発育をそれぞれ示しています。

　脳・神経系は、生後、急速に発達し、10 歳前後には成人のほぼ 90% 近くに達するのに対し、リンパ型は 12 歳前後の 200% 近くから少しずつ減少し、20 歳近くで成人域に戻るというのが、その概要です。

1) 神経型と一般型

　幼児期では、神経型だけがすでに成人の80％近く達しているのに、一般型の発育は極めて未熟で、青年期になるまで完成を待たねばなりません。このような状態なので、幼児は運動あそびの中で調整力に関することには長足の進歩を示しますが、筋力を強くすることや持久力を伸ばすことは弱いようです。

　したがって、4歳・5歳児が「部屋の中での追いかけごっこ」や「自転車乗りの練習」をするときには母親顔負けの進歩を示しますが、「タイヤはこび」や「マットはこび」では、まるで歯がたたないのです。

　つまり、幼児期における指導では、まず、下地のできている感覚・神経系の機能を中心とした協応性や敏捷性、平衡性、巧緻性などの調整力を育

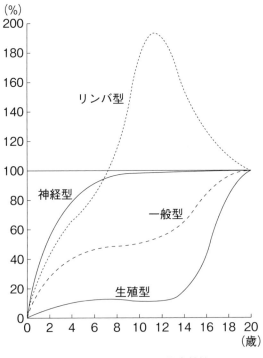

図 5-2　Scammon の発育特性

てるような運動をしっかりさせてやりたいと願います。

　ところが、ここで誤解していただいては困ることが一つあります。それは、筋肉や骨格などは、まだ成人の 30% 程度の発育量を示すにすぎないからといって、筋力を用いる運動や筋力の訓練をまったくの無意味と考えてもらっては困るということです。

　幼児の日常生活に必要とされる、手や足腰の筋力を鍛えることは、幼児にとっても大切なことであることを確認していただきたいと思います。

　実際には、子どもの運動機能の向上を考える場合、第一に器用な身のこなしのできることを主眼とし、筋力や持久力は運動あそびの中で副次的に伸ばされるものというように捉えておいてください。

　また、運動機能は、感覚・神経機能や筋機能、内臓機能など、諸機能の統合によって、その力が発揮されるものであることも忘れないでください。

2）　生殖型

　生殖腺系の発育は、幼児期や小学校低学年の児童期の段階では、成人の約 10% 程度であり、男女差による影響は少ないと考えられます。

　したがって、幼少児期において、男女はいっしょに行える運動課題を与えてもよいと考え、もし差が認められる場合には、それを男女差と考えるよりは、むしろ個人差と見ていく方がよいかもしれません。ただし、スキャモン先生が示してくれた生殖腺や筋肉や骨格の発育傾向は、現代っ子の発育加速現象で、スキャモン先生が研究された頃よりは発育が少し早くなってることを、忘れてはなりません。

3）　リンパ型

　リンパ腺系の発育は、幼児期に急速に増大し、7 歳頃には、すでに成人の水準に達しています。そして、12 歳前後で、成人の 2 倍近くに達します。つまり、抵抗力の弱い幼児は、外界からの細菌の侵襲などに備え、からだを守るために、リンパ型の急速な発達の必要性があると考えます。さ

らに、成人に近づき、抵抗力が強化されると、それとともに、リンパ型は
衰退していくのです。

（前橋　明）

第6章　子どもの生理的機能の発達

　からだの成長に伴って機能面が質的に変化することを発達といいます。子どもの健康を考える上では、子どもの発達過程を理解してから行うことが大切です。人間の発達は、個々により若干の差がありますが、一般的な発達を理解することにより、異常の早期発見、適切な援助・対応につながります。本章では、様々なからだの機能面や質的変化について述べていきます。

1. 睡眠パターン

　睡眠は、子どもの心身の発育・発達にとても大切な役割を果たしています。睡眠のリズムでは、レム睡眠（浅い眠り）とノンレム睡眠（深い眠り）が一定の周期で交互にくり返されています。レム睡眠は身体のための睡眠とよばれ、身体は深い休息状態に入って、脳は浅い休息状態です。レム睡眠には、夢を見ながら日中に経験したことの情報整理を行い、記憶の定着を促す働きがあります。一方、ノンレム睡眠は脳のための睡眠といわれ、脳が深い休息状態になり、ぐっすり眠ることで心身を休める働きがあります。

　新生児期は、1日16時間ほど眠り、日中起きて夜寝る睡眠リズムは確立されていません。そのため3〜4時間ごとに睡眠と覚醒を繰り返します。生後3・4か月頃になると昼夜の区別が分かるようになり、生後6か月ご

ろまでに日中おきている時間が長くなり、睡眠覚醒リズムをもつようになります。この頃から子どもの睡眠習慣を獲得できるように大人が生活リズムを整えてあげるとよいでしょう。1〜2歳ごろに午睡が1回になり、3歳ごろからは、夜間の睡眠が長くなり、昼間の午睡が0〜1回となります。

幼児期は、午後9時までには就寝、午前7時までの起床、夜の睡眠は1日10時間以上を目安にします（表6-1）。早寝・早起きを習慣化するなかで十分な睡眠が確保され、自立起床を促し、睡眠の自立ができるようになります。

表6-1　年齢に伴う睡眠時間の目安

年　齢	睡眠時間の目安
新生児	16時間程度
乳児	12〜15時間
1〜2歳児	12〜13時間
3〜4歳児	11〜12時間
5歳児	10〜11時間

2. 排　　尿

出生時に、腎臓や尿路系は形態的にはほぼ完成していますが、腎機能は未熟であるため尿の濃縮量が低く、尿量が多くなり排尿回数も多くみられます。生後半年頃までは1日15回以上みられ、生後6か月〜1歳頃に1日10〜15回、2歳頃には6〜12回、3〜5歳頃は1日5〜9回程度が正常な排尿回数の目安とされています。尿意の自覚は2歳前後で可能となるので、2歳頃から一人ひとりの排尿回数や間隔などを配慮したうえで、トイレトレーニングを開始する目安となります。

3. 視　機　能

光覚は、胎生30週頃に認められ、強い光刺激に対し瞬時に瞼を閉じる反射や瞳孔反射は、新生児に存在しています。対象物が急に目の前に近づいた時におこる瞬目反射は、生後2〜3か月よりみられます。新生児は眼前20cmくらいにある赤いボールをぼんやり見ることができ、6週頃には

ある程度の固視が可能になり、大型の玩具のようなものを見つめるように
なり、生後2か月で、人や手の動きを目で追うようになります。動く物を
目で追うのは、水平方向は生後6週頃、垂直方向は3か月といわれていま
す。認識できる色は、新生児期では黒、白、グレーだけですが、生後3〜
5か月で赤、黄、緑、青の識別が可能となります。乳児は眼軸が未発達の
ため遠視ですが、成長とともに正視に近づきます。新生児期の視力は0.01
程度、1歳で0.2、2歳で0.5となります。視力が1.0以上となるのは、4
〜6歳頃です。

4.　バイタル

　バイタルとは生命徴候とも訳され、呼吸、血圧、脈拍、呼吸、体温のこ
とを指します。生命活動を示すサインで、そのうち、どれが欠けても生命
を維持することができません。

（1）呼　吸

　呼吸とは、肺に空気を送り、その中の肺胞が空気中の酸素を血管に取り
込み、かわりに二酸化炭素を排出するガス交換を行うことです。乳幼児は
肋骨や肋骨筋、肺や呼吸筋が未発達のため1回の呼吸量（肺活量）が成人
より少なく、少ない呼吸量を呼吸数で補うことにより多くの酸素を取り込
み、不必要な二酸化炭素を排出しています。よって、新生児の呼吸数は1
分間に40回前後ありますが、年齢と
ともに少なくなります（表6-2）。新
生児、乳児は腹式呼吸ですが、肋骨
や肋間筋の発達によって2歳ごろに
胸腹式呼吸になり、3〜4歳で胸式
呼吸になります。

表6-2　発達による呼吸数の変化

年　齢	呼吸数（回／分）
新生児	40 〜 50
乳児	30 〜 40
幼児	20 〜 30
学童	18 〜 20
成人	16 〜 18

（2）脈拍・血圧

　心臓や血流といった循環器系は、酸素や栄養分を全身に送り、かわりに二酸化炭素や老廃物を排出するという働きをしています。

　脈拍数は、心臓機能の発達を示すと同時に健康状態の指標となります。心臓の容積が大きくなるに従って、心臓からの血液拍出量が増加していくため、加齢にともなって脈拍数は減少します（表6-3）。発熱や運動による代謝量の増加は、脈拍数にも影響を与えます。

表6-3　発達に伴う呼吸数と血圧の変化

年　齢	脈拍数（回／分）	血圧（mmHg）
新生児	110 ～ 160	90 ～ 60/50 ～ 40
乳児	100 ～ 120	100 ～ 80/60 ～ 40
幼児	80 ～ 120	110 ～ 90/60 ～ 50
学童	80 ～ 100	110 ～ 100/60 ～ 70
成人	60 ～ 80	120 ～ 100/80 ～ 60

　血圧とは、心臓から送りだされた血流が血管の内壁を押す力を指し、収縮期圧（最高血圧）と拡張期圧（最低血圧）があります。各年齢における血圧の目安は図の通りで、成長するにつれて血圧は上昇します。

（3）体　温

　乳幼児は新陳代謝が盛んで、運動も活発であるため熱の産生も多く、一般に体温は成人よりも少し高いのが特徴です。年齢とともに、①体重あたりの運動量の減少、②発育に伴う熱産生の減少により、次第に下降がみられます（表6-4）。子どもは、10歳以降にならないと体温を一定に調整する機能が成人と同じ程度に達しません。また、体温調節機能や体表面に対する循環機能の未発達や、筋肉や体脂肪が薄いことから、乳幼児の体温は環境の影響を受けやすく、成人に比べて体温が変動しやすい特徴があります。

表6-4　発達に伴う体温の変化

年　齢	体温（℃）
新生児	37.0 ～ 37.5
乳児	36.7 ～ 37.0
幼児	36.5 ～ 37.0
学童	36.5 ～ 37.0
成人	36.3 ～ 37.0

5. 脳機能

　脳は人間の胎児期に最も早く発育し、出生後にも早い時期に完成する臓器です。この発育過程を重量の増加傾向でみると、出生時には平均380g で体重の約12% を占め胎内での著しい発育を示し、生後 6 か月で約 2 倍、3 歳で新生児の 3 倍、5 歳では成人の 90% の脳重量にまで発達がみられます。他の臓器と対比すると、脳は早く発育するのが特徴です（図 6-1）。

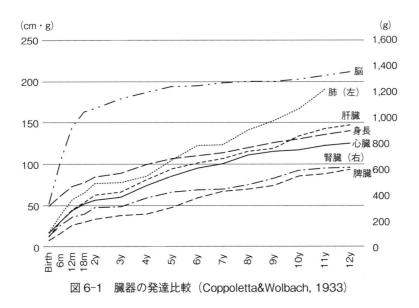

図 6-1　臓器の発達比較（Coppoletta&Wolbach, 1933）

文　献

1) 民秋　言・穐丸武臣（編）:『保育内容健康〔新版〕』北大路書房，2014.

2) 安倍大輔・井筒紫乃・川田裕次郎（監修・編著）:『保育内容「健康」』圭文社，2023.

3) 巷野悟郎（編）:『子どもの保健』診断と治療，2011.

4) JOSEPH M. COPPOLETTA, M.D., AND S. B. WOLBACH, M.D.1933 BODY LENGTH AND ORGAN WEIGHTS OF INFANTS AND CHILDREN

5) J. ヴォークレール（著）・明和政子（監）・鈴木光太郎（訳）:『乳幼児の発達 ― 運動・知覚・認知 ―』新曜社，2012.

（照屋真紀）

第7章　体力・運動能力の獲得

　体力とは、生命維持力を捉えた概念で、広義では、「行動体力」と「防衛体力」に分けられます。運動能力とは、走・跳・投といった体力に、運動やスポーツに必要な基本的な運動スキルを含んだ身体能力を表します。この章では、幼児期の体力・運動能力の獲得について学んでいきましょう。

1.　なぜ、今、幼児体育が必要なのか

　幼児期の神経系の発達は、成人の約80%に達すると言われています。幼児期のあそびの中で多様な動きを経験することは、日常生活で必要な動きや自分の身を守るための防衛能力、将来的にスポーツに結び付く動き等を獲得する上で重要であると言われています。

　しかし、近年の社会環境や生活様式の変化に伴い、身体を動かす機会が減ってきている子どもたちの体力・運動能力は、低い水準が続いていると問題視されています。このことは、単に体力・運動能力が低いという問題にとどまらず、体温異常や自律神経の乱れ、認知的機能の働きにも悪影響を与えることが明らかになっているのです。未来を担う子どもたちのためにもこの問題は真剣に考えなければならないのです。

2. 幼児体育とは

　幼児体育という言葉を使うと、幼児への早期教育で、身体的な鍛錬やトレーニングというイメージをもたれる方も多いでしょう。事実、そういった考えをもち、早期教育として、幼児の発育や発達に考慮せず、幼児の身体に負担をかけてまで成果を求め、実践している人たちも少なくないと言えます。

　しかし、幼児の「体育」を幼児のための身体活動を通しての教育として捉えると、「幼児体育」は、各種の身体運動（運動あそび、ゲーム、スポーツごっこ、リトミック、ダンス等）を通して、教育的角度から指導を展開し、運動欲求の満足（情緒的側面）と身体の諸機能の調和的発達（身体的側面）を図るとともに、精神発達（精神的・知的側面）を促し、社会性（社会的側面）を身につけさせ、心身ともに健全な幼児に育てていこうとする営み（人間形成）であると考えられます [1]。

　保育では、子どもの健やかな成長を支える指針として、5 領域といわれる「健康」「人間関係」「環境」「言葉」「表現」を挙げていますが、幼児体育はそのすべてを育てることができる教育であると考えます。要は、現代の幼児にとって、身体運動を通じて、情緒的、身体的、精神的、知的、社会的な発達を促す幼児体育は、必要不可欠な教育であると考えます。

3. 幼児体育のねらい

　幼児体育において大切にしたいことは、運動技能の向上を図ることを主の目的とするのではなく、様々な運動の体験を通して、「幼児がどのような心の動きを体験したか」「どのような気持ちを体験したか」という「心の動き」の体験の場をもたせることです。つまり、様々な心の状態をつくりあげるために、からだを動かすと考えていきたいのです。そして、今日の子どもたちの様子を考慮して、次の 3 点を幼児体育のねらいとして大切にしてい

きたいものです[1]。

① 自分で課題をみつけ、自ら考え、主体的に判断して行動していく意
　欲と強い意志力を育てる（知的・精神的）。
② 他者と協調し、友だちを思いやる心や感動する心がもてる豊かな人
　間性を育てる（情緒的、社会的）。
③ 健康生活を実践できる体力や運動スキルを身につける（身体的）。

4.　幼児体育の指導領域

　では幼児にとってどのような指導内容がよいのでしょうか。幼児体育の
目的は、子どもたちが生き生きとした人生を楽しむために、必要なスキ
ル・知識・態度の基礎が身につくような動きを中核にした多様な学習の場
を供給することです。それを考えると、指導領域として、基本運動スキル
や知覚運動スキル、動きの探求、リズム、体操、簡易ゲーム、水あそび、
水泳、健康・体力づくり活動が役立つものと考えます[1]。
　幼児体育の目的を達成するための8つの指導領域を紹介します。

（1）　基本運動スキル（fundamental movement skills）
　移動運動やその場での運動、バランス運動、操作運動などの基本運動
を理解して、運動できるようにします。また、身体のもつ機能に気づき、
動きを繰り返し行うことで動きがなめらかになっていきます。そして、こ
れらの基礎的な運動スキルは、生涯の中で経験するスポーツやダンス、体
操、回転運動、体力づくりの専門的スキルづくりの土台となっていきま
す。
　・移動系運動スキル（loco motor skill）
　　歩く、走る、跳ぶ、スキップ・ギャロップ等、ある場所から他の場所
　　へ動く技術です。

・非移動系運動スキル（non loco motor skill）

その場で、押したり、引いたり、ぶら下がったりする技術です。

・平衡系運動スキル（balance skill）

片足で立つ、渡る、乗る等の姿勢の安定を保つ技術です。

・操作系運動スキル（manipulative skill）

投げる、取る、蹴る、打つ等、物に働きかけたり、操ったりする技術です。

（2）　知覚運動スキル（perceptual-motor skills）

知覚した情報を受けとめ、理解・解釈し、それに適した反応を示す能力（身体認識、空間認知、平衡性、手と目・足と目の協応性の能力）を促進させます。

・身体認識（body awareness）

身体部分（手、足、頭、背中など）とその動き（筋肉運動的な動き）を理解・認識する力です。自分のからだがどのように動き、どのような姿勢になっているのかを見極める力です。

・空間認知（spatial awareness）

自分のからだと自己を取り巻く空間について知り、からだの方向、上下、左右、前後、高低などの位置関係を理解する力です。

・平衡性（balance）

平衡性とは、身体の姿勢を保つ能力で、歩いたり、跳んだり、渡ったりしながらバランスをとる動的平衡性と、静止した状態でバランスをとる静的平衡性とに分けられます。

・協応性（coordination）

手と目、足と目といった身体の異なる部位を同時に、適切に動かす力です。

（3）　動きの探究（movement exploration）

・動きの中で使用する身体部分の理解

　頭や腕、手、脚のような基本的な身体部位の名称や位置を見極めます。

・自己の空間の維持

　曲げたり、伸ばしたり、振ったり、歩いたり、ジャンプしたり等の動きを通して、身体を取り巻く空間における動きの可能性を知ります。

・空間を使って、安全に効率のよい動き

　いろいろな方法で動いているときに、人や物に対して、自己のコントロールができるようにします。

・動いているときの空間や方向についての概念

　前後、上下、左右への移動を重視します。

・静止した状態で、異なった身体部分でのバランスのとり方を発見します。いろいろな姿勢で身体を支えるために、試行錯誤する学習過程を重視します。

・物体を操作するための多様な方法を見つけ出します。フープや縄、ボールなどの用具の創造的な使い方を重視します。

・多様な移動系運動スキルの実践

　歩く、走る、跳ぶ、ギャロップの動きを重視します。

（4）　リズム（rhythms）

　子どもたちは、リズム運動の中での各運動スキルの実行を通して、身体の使い方をより理解できるようになります。

・音楽や動きに合わせて、適切に拍子をとります。また、踊ったり、体操したり、簡単な動きを創ります。

・一様のリズムや不規則なリズムの運動パターン、軸上のリズミカルな運動パターンをつくり出します。例えば、一様の拍子で走って、不規則な拍子でスキップをします。

・怒りや恐れ、楽しさ等の情緒を、リズム運動を通して表現します。

・リズミカルなパターンを創作します。

（5）体操（gymnastics）
・丸太ころがりや前まわり、後ろまわり、バランス運動のような回転運動やスタンツの実践
・走る、跳ぶ、ギャロップ、スキップ、バランス、回る等の簡単な動きの連続
・ぶら下がったり、支えたり、登ったり、降りたりする簡単な器械運動

（6）簡易ゲーム（games of low organization）
　簡易ゲームの中で、動作や知識、協調性の能力を適用し、熟達できるようにします。特に、輪になってのゲーム、散在してのゲーム、線を使ってのゲームを経験させ、基礎的な動きを身につけさせます。操作系の運動あそびと簡易ゲームの中では、特に、お手玉やボールを投げたり、捕ったりして操作能力を身につけさせるとともに、縄やフープを使った様々なゲームや運動を経験させます。さらに、簡単なゲームを行わせ、協調性を身につけさせます。

（7）水あそび・水泳（swimming）
　水の中での移動運動や非移動系運動スキルの能力を養います。例えば、水中で支えたり、沈まずに浮いていたり、身体を推進させて調整できるようにさせます。
・水中で動きを連続できるようにします。
・水中で身体がどのように動くかを理解できるようにします。

（8）健康・体力づくり（health related fitness）
　個人の健康は、予期せぬ状況に立った場合にも十分なエネルギーで毎日を生きぬく能力、レジャー時代における運動参加を楽しむことのできる能力を示します。

　　・健康的な生活の構成要素としての運動の重要性の認識と体力を高める
　　　運動の実践
　　・バランスのとれた食事の基礎的知識
　　・主要な身体部分や器官のはたらきと、位置や正しい姿勢の理解
　　・運動あそびでの熱中、楽しさ、満足を経験する。

　また、近年の幼児の身体や生活実態と照らし合わせてみて、逆さ感覚や回転感覚、支持感覚を育てる倒立や回転運動、反射能力やバランスを保ちながら危険を回避する鬼あそびやボール運動、身体認識力や空間認知能力を育てる「這う」「くぐる」「まわる」「登る」等の運動の機会を積極的に設けたいものです。

　このような多種多様な身体運動によって、幼児は筋力や心肺機能を向上させ、体力・運動能力を育むことができるのです。

　では社会的な面では、どのようなことが育っていくのでしょうか。幼児体育を通して育つ社会性について考えてみましょう。

　1つ目は、他者との関わりで育つ、人間関係です。幼児期は言葉を覚え、コミュニケーション能力を発展させる大切な時期です。親や先生との会話を通じて言葉の理解や発話力を育み、人との関わり方を学んでいきます。そして、他者と一緒に遊んだり、共同で作業をしたりすることで協調性が育ちます。また、その中で、自らの感情や思考を言葉で表現し、自分の意見を伝える、いわゆる自己表現することができるようになると、自信がつき、自己肯定感が高まります。つまり、あそびの中で、友だちと関わりをもつことは、重要な時間なのです。

　2つ目は、知らないことへの興味と好奇心が育ちます。幼児期は、自己を取り巻く様々な環境に対して好奇心が高まり、新しいことに興味を持ちます。子どもの好奇心を刺激することで、自ら学ぶ楽しさを発見し、自己学習能力を育てることができます。

　3つ目は、相手を思いやりやる気持ちや、感謝する気持ちを伝えるための言葉や態度などの礼儀が身に付きます。お辞儀や挨拶、順番や約束を守

る等の基本的なマナーを身に付けることで、社会生活において周りからの信頼を得ることができるのです。

　これらの社会的なスキルを身につけることで、自己肯定感や自己効力感が高まり、社会性の豊かな人格形成へとつながるのです。

5. 体　　力

　「体力づくり」「体力不足」「体力測定」など様々な場面で「体力」という言葉が使われていますが、体力とはいったい何でしょうか。体力については様々な考え方があり、定義されていますが、ここでは、人間が存在し、活動していくために必要な身体的能力として考えてみましょう。

　体力は、大きく２つの側面に分けられます（図7-1）。１つは、防衛体力と呼ばれるもので、健康をおびやかす外界の刺激に打ち勝って健康を維持していくための能力で、病気に対する抵抗力や暑さや寒さに対する適応力、病原菌に対する免疫などです。もう１つは、行動体力と呼ばれるもの

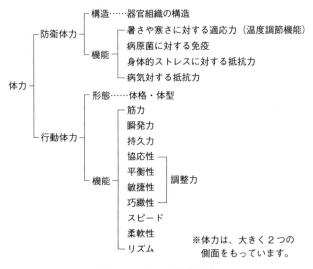

図7-1　体力の構成要素

で、身体を動かし行動する身体的な能力のことをいいます。具体的には、行動を起こす力（筋力・瞬発力）、持続する力（筋持久力・全身持久力）、正確に行う力（協応性・平衡性・敏捷性・巧緻性）、円滑に行う力（スピード・柔軟性・リズム）の4つが体力の要素とされます[2]。

　つまり、体力とは、いろいろなストレスに対する抵抗力としての「防衛体力」と積極的に活動するための「行動体力」を総合した能力であると言えます。行動体力は、体格や体型などの身体の形態と機能に二分されますが、以下にその機能面について簡単に説明します。

（1）　行動を起こす力

①　筋力（strength）

　筋が収縮することによって生じる力のこと。つまり、筋力とは、筋が最大努力によって、どれくらい大きな力を発揮し得るかということで、kg であらわします。

②　瞬発力（power）

　瞬間的に大きな力を出して運動を起こす能力です。

（2）　持続する力

①　筋持久力（muscular endurance）

　用いられる筋群に負荷のかかった状態で、いかに長時間作業を続けることができるかという能力です。

②　全身持久力（cardiovascular/respiratory endurance）

　全身的な運動を、長時間、持続する能力で、呼吸・循環（心肺）機能の持久力です。

（3）　正確に行う力（調整力）

①　敏捷性（agility）

　からだをすばやく動かして方向を転換したり、刺激に対してすばやく反応したりする能力です。

② 平衡性（balance）

　からだの姿勢を保つ能力です。歩いたり、跳んだり、渡ったりする運動の中で、姿勢の安定性を意味する「動的平衡性」と静止した状態での安定性を意味する「静的平衡性」とに区別されます。

③ 巧緻性（skillfulness）

　からだを目的に合わせて正確に、すばやく、なめらかに動かす能力です。いわゆる器用さや巧みさのことです。

④ 協応性（coordination）

　からだの2つ以上の部位の動きを、1つのまとまった運動に融合して、目的とする動きをつくっていく能力をいいます。複雑な運動を遂行する際に必要とされる重要な能力です。

（4）円滑に行う力

① 柔軟性（flexibility）

　からだの柔らかさのことで、からだをいろいろな方向に曲げたり、伸ばしたりする能力です。この能力がすぐれていると、運動をスムーズに大きく美しく行うことができます。関節の可動性の大きさと深く関係します。

② リズム（rhythm）

　音、拍子、動き、または、無理のない美しい連続的運動を含む調子のことで、運動の協応や効率に関係します。

③ スピード（speed）

　物体の進行するはやさをいいます。

6. 測定評価のねらい

　保育現場で体力づくりをねらいとする園をよく見ますが、その理由として子どもが床に寝転んで遊んでいる、椅子に座れない、外で遊びたがらない等、主観的な見方から体力づくりに取り組む場合が多く、事前評価の客

観性に欠ける点が見受けられます。

　では測定評価のねらいは何なのでしょうか。

　幼児は日々の生活の中で、発育・発達をしています。それを見守りながら、育てていく大人のあり方が、幼児一人ひとりの発育・発達の速度やその方向に大きな影響を与える事は誰もが認めるところです。特に直接指導に当たる保育者の力は大きな影響を与えるものであると言えます。

　保育現場では、ねらいをもって保育計画が立てられ、それに基づき日々の指導がなされています。そして常にその指導を振り返り、見直しながら進められ、次の指導体制や指導内容の検討がなされています。その中には、ねらいとして「丈夫な身体・元気な身体・健康な身体」といった幼児の健康な身体を育てようとするものが多く取り上げられ、それぞれの園でいろいろな活動の形で指導がなされています。ある園ではあそびを通じて、また別の園では一定のスポーツを積極的に進める形と、その方法は様々です。

　いずれの場合にも、どの子も楽しく取り組める活動である事は重要な条件です。そのためにも指導を進める上で、保育者は、対象となる幼児の個々の能力を客観的に捉える事が必要で、それにより適切な運動指導が行われるのです。そして、このようにして立案された計画のもとで行われる日々の身体活動が、様々な体力や運動能力を向上させ、また新たな結果をもとに、個々の目標達成に合わせて指導がバランスよく行われていく。この繰り返しがより効果的な指導へとつながるのです。

　以上のことから、幼児の体力・運動能力測定の意味とは、幼児の個々の能力をできる限り客観的に捉え、その能力を具体的に数値化する。そして客観的に出された測定の結果が低い数値であった場合、幼児に対して、どうしてなのかという原因を追求し、考えられる原因を次の指導内容に活かしていく事が、目標やねらいの達成へつながるのです[1]。

（1）測　定

　実際に子どもの体力・運動能力を測定し評価する際に、どのような測定項目を選ぶかは非常に重要です。測定項目は、①正確に実施できること（正確性）、②時間がかからないこと（簡易性）、③合理的かつ適切な評価ができること（適切性）を考慮して選定することが必要です。

　1）体格の測定項目

　体格は、身長と体重で測定されます（図7-2）。

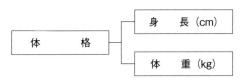

図7-2　体格の測定項目

　2）体力・運動能力の測定項目

　体力・運動能力の測定は、幼児の運動機能や発育発達を把握する上で有効です。以下のように「両手握力」は全身の筋力、「跳び越しくぐり」は、敏捷性や巧緻性といった調整力、「25m走」は走力、「立ち幅跳び」は跳躍力、「ボール投げ」は投力といった運動能力。そして歩数は身体活動量の指標となります。

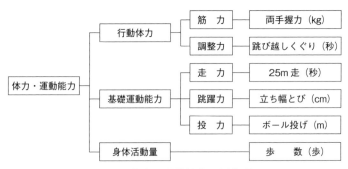

図7-3　体力・運動能力の測定項目

3）　一般的な注意事項

・幼児の健康状態に十分に留意し、医者から運動を止められている幼児
　や、当日、発熱や咳など体調不良の幼児には実施しないこと。
・測定前後には、適切な準備運動をしておくこと。
・最も負担のかかる項目は、最後に実施するように配慮すること。
・測定器は、事前に使い方や故障していないことを確認しておくこと。

（2）　評　価

1）　体格の評価法

　体格の評価には、体重と身長のバランスから体格をみるカウプ指数を用
います。カウプ指数は、次の計算方法で算出されます（カウプ指数＝体重
(g)÷(身長（cm）×身長（cm）×10）。数値が大きいほど、肥満傾向である
ことを表しています。

　満3歳のカウプ指数は、18以上は太り過ぎ、18〜16.5は太り気味、16.5
〜14.5は正常、14.5〜13.5はやせ気味、13.5以下はやせ過ぎです。満4歳
は、18以上は太り過ぎ、18〜16.5太り気味、16.5〜14.5正常、14.5〜13
やせ気味、13以下やせ過ぎ。満5歳では、18.5以上太り過ぎ、18.5〜16.5
太り気味、16.5〜14.5正常、14.5〜13やせ気味、13以下やせ過ぎです。

2）　体力・運動能力の評価法

　一般に、集団の代表値を求める算術平均がよく使われます。これは集団
の中間的な値にすぎず、集団の傾向をつかむためには、さらにデータのば
らつきの度合い、すなわち標準偏差をみることが大切です。

①　平均値（M）
　　測定データの数値の合計を、測定データの個数で割ったものです。

②　標準偏差（SD）
　　測定データがどのように分布しているか（データのばらつき）を示し
ています。標準偏差の数値が小さいほど、ばらつきは小さくなり、測定
データが平均値の近くに集まっていることを示しています。

78

　分布が正規分布の場合、平均値±1標準偏差の範囲に全体の68.3%、平均値±2標準偏差の範囲に全体の95.4%、平均値±3標準偏差の範囲に全体の99.7%が含まれます。

　評価結果は、指導に役立てるだけでなく、子ども本人や保護者にも分かりやすく伝えていくことが大切です。それにより、子ども本人や保護者が問題点に気づき、改善に向けて意欲や意識を高めることができるからです。

7.　反　　射

　大脳の機能が未発達な新生児期から乳児期にかけては反射的な行動がほとんどです。新生児期に特徴的に見られ、成長発達とともに生後3か月頃から消失してしまう反射を「原始反射」といいます[3,4]。
　原始反射は、新生児が身体に外から何らかの刺激を受けたことにより、無意識的に反応する反射動作のことです。新生児は、脳の発達が未熟なため、原始反射によって生命を維持し、発達を促しているとされています。

（1）　原始反射
　原始反射には、様々な種類があり、それぞれ出現期間は異なりますが、生後すぐから出現し、生後3〜6か月の間に消失（統合）します。しかし、原始反射の種類や個人によって出現期間に差があるため、反応が見られないことや消失まで時間がかかることもあります。
　ここからは原始反射の代表的なものを紹介します。

1）　哺乳反射
　自分で母乳やミルクを飲み栄養を得るために必要な生存本能で、口に入ってきたものを吸う反射です。探索反射や吸啜反射、捕捉反射をまとめて「哺乳反射」と呼びます（図7-4）。哺乳反射は、出生後すぐから反応が

①探索反射　　　　　　②捕捉反射　　　　　③吸啜反射（チュー）
　　　　　　　　　　　　　　　　　　　　　　　④嚥下反射（ゴクン）

図7-4　哺乳反射

見られ、生後2〜6か月ほどで消失します。哺乳反射をくり返すことで、
母乳やミルクの飲み方を覚えていきます。

①　探索反射

　唇に何かが触れると、その触れた何かを探すかのように首を上下左右
に動かします。

②　捕捉反射

　唇に何かが触れると、唇や舌を使ってくわえようとする動作をします。

③　吸啜反射

　口腔内に指や乳首が入ると、舌を動かして吸
います。

2）歩行反射

　足の裏が床などの平面に触れると、両足や片足
を前後に出して、歩くような動作を見せる反射能
力です（図7-5）。出生時にすでに反応が見られる
ことが多く、生後2〜3か月で自然に消失します。

図7-5　歩行反射

3) モロー反射

モロー反射とは、柔らかいベッドなどに上を向けて寝かせた赤ちゃんの後頭部に手をあて、少し頭を持ち上げたあと突然持ち上げていた頭を下ろすと、驚いたかのように両腕を広げ、続いて何かにしがみつくように両腕を縮こまらせるような仕草を見せる反射動作です（図7-6）。また、ベッドに寝かせるときや、大きな音に反応したり夢を見ていたりするときにも、モロー反射が出ることがあります。モロー反射は出生後すぐから反応が見られ、生後3〜4か月ほどで消失します。

図7-6　モロー反射

4) 把握反射

把握反射とは、赤ちゃんの手足に何らかの刺激を与えることで、無意識的に握る仕草を見せる反射動作です。手の把握反射は「手掌把握反射」、足の把握反射は「足底把握反射」と言われています。

① 手掌把握反射

赤ちゃんの手のひらを指で触れると、触れた指を握り返します（図7-7）。手掌把握反射は、出生後すぐから反応が見られ、生後3〜6か月で自然に消失します。把握反射をくり返すことで、自力で物を握ることを覚えます。

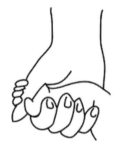

図7-7　手掌把握反射

② 足底把握反射

赤ちゃんの足の裏親指の付け根にあるふくらみを指で圧迫すると、足のすべての指が内側に曲がります（図7-8）。足底把握反射は出生後すぐ

から反応が見られるものの、生後9〜10か月に
わたり反応が続きます。足底把握反射が消失し
たあとしばらくすると、1人立ちや1人歩きが
徐々にできるようになります。

図7-8　足底把握反射

5）バビンスキー反射

　赤ちゃんの足の裏の外側を、ややとがっ
たもので かかとから足のつま先まで刺激す
ると、足の親指が外側に曲がって他の指が
扇状に広がる反射動作です（図7-9）。

図7-9　バビンスキー反射

　バビンスキー反射は出生後すぐから反応
が見られ、生後1〜2年程度で消失します。バビンスキー反射は、直立二
足歩行を獲得するために必要な反射と考えられています。

（2）　姿勢反射

　脳が発育していくと、原始反射は消えて、中脳から大脳皮質が反応する
「姿勢反射」が見られるようになります。姿勢反射は身体の向きが変わっ
たときに、もとに戻ろうとする反射です。姿勢反射は一度できるようにな
ると、多くは生涯消えずにみられます[5]。

　姿勢反射は姿勢を保つために必要な反射であり、生後数週から6〜9か
月頃よりみられます。

　姿勢反射の代表的なものをいくつかご紹介します。

1）引き起こし反射

　仰向けで寝かせた状態から両手をもって引き起こす際、成長とともに頭
が身体についてくるようになります（図7-10）。

引き起こし反射の各相

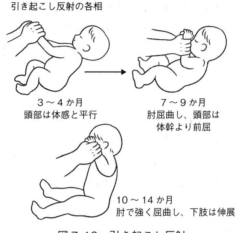

3〜4か月
頭部は体感と平行

7〜9か月
肘屈曲し、頭部は
体幹より前屈

10〜14か月
肘で強く屈曲し、下肢は伸展

図7-10　引き起こし反射

2）パラシュート反射

　座っている姿勢から横や後ろに倒すときや、両脇を支えた状態で水平を保ち飛行機のような姿勢から頭を下に向けるときに、手を広げて転倒を防ぐような動きをします（図7-11）。

身体を前方・側方・後方に倒すと手を広げて体を支えようとする

前方　　　　　　側方　　　　　　後方

図7-11　パラシュート反射

3）ランドー反射

　腹ばいにして、頭を上げるときは背中と足が伸び、頭を曲げると背中と足が曲がります（図7-12）。

ランドー反射の各相

0〜6週　　7週〜4か月　　　6か月で完成

図7-12　ランドー反射

4）ホッピング反射

立った状態で前後左右に動かすと平衡を保とうと
下肢や関節が動き、身体を支えます（図7-13）。

このように、反射によって無意識的に行われてい
た動作が、自らの意思で動かす随意運動が発達して
くると消失していきます。

図7-13　ホッピング
反射

8. 運動動作の発達

　運動動作の発達は、直立歩行ができるようになるまで、様々な形態で
移行し、次第に腕や手が把握器官として発達していきます（図7-14）（図
7-15）[3, 6]。

　生まれてから生後3か月頃までは首の力が弱く、頭が安定せず、姿勢を
保つ能力が限られています。しかし、徐々に首の筋力が向上してくると、
腹這いの姿勢で頭を持ち上げることや、座る姿勢を保つことができるよう
になります。

　生後4か月頃になると移動運動の発達が進み、四つん這いの姿勢や這う
（ハイハイ）などの基本的な移動運動を習得していきます。これにより、
手や足を使った動作やバランスの取り方などを身につけていきます。

　生後8か月頃になると物や人につかまりながら立ち上がり、バランスを
取ることができるようになります。そして、徐々に物や人につかまりなが
ら脚を動かし歩行のスキルを習得していきます。脚の発達と同じく、物を

84

図7-14　乳幼児の移動運動の発達

　掴んだり、離したりの手の動作が発達していきます。食事では、スプーンを握り、口へ運ぶようになりますが、途中でこぼれたり、口の周りについたりします。遊びでは、積み木やブロック、砂あそび等で指を使った細かな操作が徐々にできるようになり、「つかむ」から「つまむ」ができるようになります。

5〜6か月

7〜8か月

10〜11か月

図7-15　つかみ方の発達

　2歳頃から走運動ができるようになり、3歳で跳躍運動が始まり、4〜5歳では大筋群の運動から、小筋群の運動であるボール投げを行えるようになり、巧緻性や平衡性がついてきます。6歳頃には、前まわりをする、投げる、蹴る、つく等の運動動作を組み合わせた運動あそびができるようになります。幼児期を過ぎ、小学校に入学する頃には、人間が一生のうちで行う日常的な運動のほとんどを身につけるようになります。

　しかし、運動動作の発達は個人によって異なり、個々の子どもがそれぞれのペースで成長することが大切です。運動動作の発達においては、それまでの環境や経験が発達に影響を与えるため、適切な刺激や機会を提供することが必要となるのです。

　運動スキルの発達は、以下の要素によって進行します。

　運動スキルは、中枢神経系の発達と密接に関連しています。脳の発達に伴い、運動に関連する領域や神経回路が成熟し、運動を制御したり、運動を計画して実行したりする能力が向上します。

　運動スキルの発達には、まず適切な筋力と筋持久力が必要になります。筋肉は骨格を支え、運動を制御する役割を果たしています。筋力と筋持久力が向上することで、より正確な動作や長時間の運動が可能になります。また、身体の協応性と平衡性の向上も必要です。身体の異なる部位や筋肉の連携がスムーズに行われるようになると、複雑な運動スキルをより効果的に実行することができます。

　このような運動スキルを発達させるためには、幼児期に多種多様なあそ

びの経験をすることが必要となります。それにより、様々な運動スキルが身につき、応用する能力が発達するのです。また、多種多様なあそびの経験の中で、フィードバックと自己調整のサイクルが生みだされます。あそびの経験によるフィードバックを受けることで、課題や技術の改善点を認識し、次の試行で修正や調整を行うことができるようになります。これにより、より高度な運動スキルを身につけることができるのです。

文　献

1)　前橋　明：『幼児体育 理論編』大学教育出版，2017.
2)　前橋　明：『幼児の体育』明研図書，1998.
3)　松田博雄・金森三枝：『子どもの保健Ⅰ』中央法規出版，2016.
4)　福田恵美子：『人間発達学改訂5版』中外医学社，2019.
5)　福岡地区小児科医会 乳幼児保健委員会：『乳幼児健診マニュアル第6版』医学書院，2023.
6)　前橋　明：『乳幼児の健康』大学教育出版，2007.

（廣瀬　団）

第8章　安全の指導

　これまで保育者が行ってきた「子どもから目を離すな」に頼った対策では事故は防げず、事故は一向に減っていないことが、最新の安全研究から明らかにされつつあります。科学的な視点で保育環境や仕組みを変えることが最も予防効果が高いと推奨されています。具体的な保育環境をモデルに課題を発見し、どう対策を取れば予防できるか、考えてみましょう。

1.　ケガ・事故の実態

　日本中の保育所・こども園・幼稚園・小学校・中学校・高等学校、高等専門学校で起きた治療費のかかった事故や負傷・疾病の報告は、「独立行政法人日本スポーツ振興センター」に集められて、年度ごとに集計されており、ネット上でダウンロードすることができます。

　「学校管理下の災害［令和4年度版］令和3年（2021）度データ」[1]から、具体的な例を見ていきましょう。

　2021年度の幼稚園・幼保連携型認定こども園・保育所等における災害発生割合（図8-1）を見ると、場合別で、負傷・疾病のほぼすべてが「保育中」であり、子どもたちが園で過ごす時間帯に起きています。また種類別では、1位が「挫傷・打撲」で30%、2位が「脱臼」「負傷のその他」で16%あり、例年とほとんど変わっていません。種類別の項目に「熱中症」があり、これは0.05%と数としては少ないですが、就学前施設で起きてい

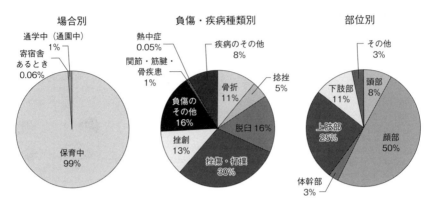

※単位未満の整数のため、合計が100%にならない場合がある。

図8-1　幼稚園・幼保連携型認定こども園・保育所等における災害発生割
（医療費、全79,935件、2021年、日本スポーツ振興センター）

るということは意識しておく必要があります。小学校の種類別は「挫傷・
打撲」は1位で同じですが、「骨折」「捻挫」も多くあります。この違いは、
乳幼児の体重の軽さ、心身の発達や動き方の違いからきていると考えられ
ます。そして部位別では、1位が「顔部」で50%もあり、「頭部」の8%
と合わせた首から上の負傷で、約6割を占めています。2位が「上肢部」
で25%あり、これらの合計で全体の8割近くを占めることも例年と変わり
ません。小学校になると「顔部」が減り、負傷の中心は「上肢部」と「下
肢部」になります。この違いも乳幼児の発達特性からきています。頭が重
く、身体全体や手足・指先の動きや感情のコントロールが未熟であり、視
野も狭く注意力も散漫な発達途中である乳幼児は、つまずきやすく頭から
転倒して顔のけがとなりやすいです。十分にハイハイをしないまま大きく
なり、とっさのときに自分の手を出して支えられず、足でも踏ん張ること
が難しいことも「顔部」の負傷につながっています。顔の中でも「眼部」
「歯部」「前額部」の負傷が多い傾向があり（保育所の場合は「頬部」「口部」
も多い）、これらは後々まで影響する大きな負傷につながりやすい部位で
す。

2.　保育における安全指導とあそびのルール

（1）　子どもの特性と傷害を防ぐ対策

　桶田は、「学校管理下の災害」[1] の中でこう述べています。子どもはよく転びます。これは、体形的に頭が重い、運動能力的に手足の機能がまだ成長していないために足が十分に上がらない、転びそうになったときに足で踏ん張ったり手を出して身体を支えたりすることができにくい、視野が狭く、感情的にも夢中になると周りが見えなくなり障害物に気付きにくい等の発達特性が考えられます。その上、都市化が進み高層住宅に住む家庭が増え、また利便性やバリアフリーの視点からエスカレーターやエレベーターが普及しています。コロナ禍のため公園など戸外で日常的に体を動かす機会も減少しています。そのような理由から、子どもたちの体力・運動能力は年々低下し、ますますけがをしやすい身体になっています。施設設備の安全管理としては、段差をなくしスロープにする、段差があることに気付くように目立つ色を塗る、園庭や屋上など室外でも転倒を予測してけがにつながる可能性のあるもの（園庭の凹凸や小石など）を排除しラバー等の貼り、角をなくすといった取り組みが必要です。それと同時に、子どもたちが日常的にからだを動かし、小さいけがをしながら次第に自分のからだを思うように動かしたり、危険かどうか判断したりできるようにしていくことが重要です。

（2）　遊具での負傷

　遊具での負傷についてみると、幼稚園・幼保連携型認定こども園・保育所など、それぞれに設置されている遊具の傾向も垣間見られますが、いずれでも「総合遊具・アスレティック」「すべり台」「鉄棒」が多数を占め、高さのある所へ自分で登ったり滑り降りたりする遊具でのケガが多いことが分かります。

　独立行政法人日本スポーツ振興センターの学校災害防止調査研究委員会

表 8-1 幼稚園・幼保連携型認定こども園・保育所等における遊具別事故件数

区　分	鉄棒	ぶらんこ	シーソー	回旋塔	すべり台	ジャングルジム	雲てい	登り棒	遊動円木	固定タイヤ	砂場	総合遊具・アスレティック	その他	合計
幼稚園	504	201	15	9	610	238	368	104	6	43	313	658	1,139	4,208
幼保連携型 認定こども園	379	127	8	16	466	138	295	60	11	30	387	603	1,166	3,686
保育所等	871	209	7	7	1,054	398	428	136	7	100	895	855	2,595	7,562

（医療費、全7,562件、2021年、日本スポーツ振興センター）

表 8-2　幼稚園・幼保連携型認定こども園・保育所等
における事故件数

区　分	性　別	件　数
幼稚園	男	9,950
	女	6,482
	計	16,432
幼保連携型 認定こども園	男	11,012
	女	7,165
	計	18,177
保育所等	男	27,345
	女	18,022
	計	45,367
合計	男	96,563
	女	31,669
	計	143,520

（医療費、全143,502件、2021年、日本スポーツ振興センター）

による「学校における固定遊具による事故防止対策」調査研究報告書[2]（表8-1、表8-2）によると、幼稚園・保育所での事故は「落下」「他の児童との衝突」「遊具と衝突」が多く、子どもの状況としては、「遊具に上がっていた」「遊具で他の児と遊んでいた」、「鬼ごっこ」「遊具を下りていた」が多いことが報告されています。

（3） 外あそび時の安全と足育・靴教育

　遊具での事故は、登る時の踏み外し、遊具上で他児とぶつかったり、バランスを崩したりすることで、転倒・転落が起きていることが考えられ、足元の危険性を取り除くことが重要です。外あそびに出る際に、靴を正しく履く指導ができているでしょうか。

　（公財）学校体育研究連合会では、足育事業を行い、子どもへの教育プログラムや教師・保育者による指導法を整備しています[3]。大きすぎる靴を避け、靴の正しい履き方をさせることは必須です。手順は吉村監修の「靴の履き方」[4] を参照します。①手を使って靴のベルトを外し、②ベロを開いて足を入れ、③かかとをトントンして靴の後端に密着させて、④足を最適な位置にポジショニングする。⑤ベルトを引く側の手でベルトの先端を持ち、逆の手で靴の前面を両脇から力強くつかんでおく。⑥つかんだ手を離さないように保持しながら、ベルトをできるだけ遠くへ引っ張るように力を込めてマジックベルトを引きながら留めつける。①から⑥の順序で

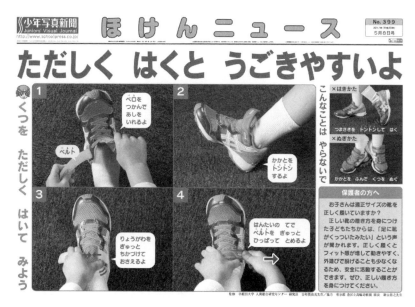

図8-2　幼児教育施設むけ保健教育ポスターより「ただしく はくとうごきやすいよ」[4]

靴を履けば、足と靴が一体化して「快適な『足感覚』」が生まれます。ゆるいフィット感のままでは、足が前滑りしたり横にぐらついてバランスを崩したり、靴が脱げてしまって危険です。

　保育者は、通常から靴の指導を行い「足感覚」が身につくように努めます。ポイントは「手を使って丁寧に履く」ことで、靴を履くことで気持ちも落ち着き、活動の切り替えのメリハリをつける効果もあります。外で遊ぶ前や登降園時に、靴が正しい履き方で履けているかの言葉がけや、手を添えた指導を日常的に行います。指導が定着すれば、子ども自身の「足感覚」が育ち、正しい履き方をする気持ちよさを感じて、日常的な履き方が正しい動作に変わります。習慣化すれば、言葉がけだけで日常の外あそびでの安全確保ができるようになります。

（4）　安全の指導と教育

　桶田 [1] によると、子どもたちへの指導としては、安全に過ごすための約束の確認は当然必要です。その際、単に「守らなければならないこと」で終わらず、年齢に合わせて「なぜ」ということも意識して繰り返し伝えることが安全の構えとなります。子どもたちの危険な場面を見つけたらすぐに声を掛ける・やめさせる。その際、なぜ危ないか、どうしたらいいのかということを年齢に合わせて考えさせる・話し合う時間を大切にしましょう。

　子どもたちの体力・運動能力は年々低下しています。コロナ禍を経て、この傾向はなおさら進んでいます。保育者の専門性を発揮し、子どもが思わず身体を動かしたくなるような環境・活動の工夫をし、自分のからだを動かす楽しさ、気持ちよさ、友達と一緒に力を発揮する達成感、充実感を味わう園生活を体験できるよう心掛けましょう。

3.　リスクとハザード

　ハザードは日本語の「危なさ」と同義で、人の命、財産、環境などに悪影響を与える可能性のある「危険」を指します。保育所や幼稚園の環境で言えば階段、プールやある程度の高さのある遊具やブランコ等も、転落、溺水、衝突などの可能性があるハザードだと言えます。

　リスクは、日常よく使う言葉ですが、次のように定義されています。

> リスク＝ハザードの深刻さ×そのハザードによって被害が起こる確率

　例えば、深刻なケガであっても、ハザードがうまく管理できており、起こる確率が低ければリスクは低くなります。逆に、軽いケガでもハザードに気がついていなかったり、コントロールができていなかったりして、頻繁に起きているようであれば、そのリスクは高いことになります[5, 6]。ハザードを見つけて、対策を取ることが重要です。

4.　最新の事故情報と科学的視点に基づく事故予防

（1）　睡眠中の窒息

　0歳児、1歳児に多いのが睡眠中の窒息による死亡事例です。うつぶせ寝によるものや、寝具やタオルケット等が鼻や口を塞いだために起きるもの、他児との折り重なりによる窒息などが報告されています。中でも保育所では、預け始めの時期に、午睡時に泣いてなかなか寝付けないので、うつぶせ寝にして、寝入ったのでと目を離したすきに窒息した例[7]が報告されています。また、1歳を過ぎたらうつぶせ寝にしても大丈夫という考えも広まっていますが、それは誤りなので、改めなくてはなりません。

（2）　誤飲と誤嚥

　誤飲とは、有害なものや危険なものを誤って飲んでしまうことです。例えば、食物アレルギーの特定7品目表示義務として、かに、たまご、そば、落花生、牛乳、えび、小麦粉があります。また「中毒」を引き起こす毒物として、アルコール、鉛、薬物、ニコチン等があります。たばこでは、乳幼児による加熱式たばこの誤飲事故が報告されており、1歳前後の乳児に多くあります。また、国民生活センターによる加熱式たばこについての調査によれば、すべての銘柄は子どもが誤飲しうる形状で、また、12銘柄中9銘柄は、子どもの口腔内（直径30mm）に容易に収まるサイズであり、注意が必要な状況でした。また、薬の誤飲では、1歳では大人の薬の誤飲が多く、2歳では大人の薬と子ども薬の誤飲が約半数ずつ、3歳では子どもの薬の誤飲が多くなる傾向にあると報告されています。最近ではチャイルドレジスタンス容器（子どもが開けにくい工夫がされた容器）の製品も開発されていることを知っておきましょう。その他、磁石やボタン電池は体内で消化管をふさいだり、化学反応が起きて穿孔の原因になったりする恐れがあります。有毒なものの誤飲をした可能性があるときは、専門機関（公益財団法人日本中毒情報センターなど）に相談の電話をかけ、正しい対応の参考にすることも検討が必要です[8]。

　誤嚥とは、食物などが誤って気管（気道）に入ってしまうことです。食事や吐物、唾液が入ることや、誤飲したもの（異物）が気管に入ることもあります。むせたり咳き込んだりすることがサインであり、窒息に直結します。窒息は、紐などで喉が締まる外的なものと、異物でのどに詰まる等の内的なものがあり、息ができなくなった状態を指します。喉に物が詰まった時のサインとして、急に声が出なくなる、ゼーゼー言って苦しそう、顔色が悪い、喉を押さえて苦しむ様子（チョークサイン）があります。子どもの口の大きさは直径約4cm、喉の大きさは直径1cm以下[8]と言われており、口に楽に入る大きさが、必ずしも喉を通り抜けることはできないことを知っておく必要があります。誤嚥しやすいものも、食べさせ方の工夫で危険を回避することができます。例えばソーセージは輪切りで

はなく、縦に裂くように切ったり、ミニトマトやコンニャクゼリーは４分割など小さく切ったりして与えるとよいでしょう。豆類は３歳以下の子どもには食べさせない、また、仰臥位（あおむけ）や歩きながらものを食べさせない、小さな食べ物やおもちゃを放り投げて口で受けるような食べ方やあそびをさせない、車や飛行機の中で乾いた豆は食べさせない、食事中に乳幼児がびっくりするようなことは避ける等、危険な食べ方を避けることも有効です。対策の例としては、危険なものを子どもの手の届かない場所に置く際に、子どもの体格（身長や腕の長さ等）を考慮するとよいでしょう。消費者庁による窒息事故予防の啓発動画も役立ちます[9]。

（3）溺れ

　溺れ事故は、浴槽、プール、川、湖沼、海などで起きています。乳幼児は身体の重心位置が高いため、少しでもバランスを崩すと容易に頭から水の中に落ちてしまうでしょう。浴槽での溺れ事故の予防は、そばから離れる、少しでも目を離すと確実に子どもは溺れると考えること（数分で死亡や障害を負うリスクが高まります）、風呂場の残し湯をしないこと、風呂で首浮輪を使わない[10]ことです。プールでの溺れ事故の中でも重篤になりやすいのが、排水口での「吸い込まれ事故」です。水が吸い込まれる勢いに体がもっていかれるのが面白く、つい遊び半分で近づくと強い力で吸着・吸引され水中から出られなくなるので非常に危険です。また、川や海など、流れがあり、状況が急変しやすいところでは、コントロール不可能な強い力で流される恐れがあります。チャイルドシートと同じ理由で、必ずライフジャケットを着用させ、事故を予防しましょう。

（4）これからの時代は科学的視点での事故予防対策を

　近年では、科学的なアプローチによる手法が注目されています。日本では子どもから目を離さないことが事故予防のすべてだと考えられてきましたが、科学的検証から人の目だけではすべての事故を防ぐことは不可能だという事実が証明されつつあります。従来は、人の目に頼って個人（保護

者や保育者）に責任を負わせる対策や、実行不可能で非科学的な対策（注意する、目を離さない）、その場限りで改善につながらない対策（謝罪や周知徹底の通達で終わり）が繰り返されてきました。これからは3つのE（Environment 環境・製品の改善、Education 教育、Enforcement 法律・基準）で有効な安全対策を取っていこうという考え方であり、実践的な事故予防の取り組みとして普及しはじめています。事故は時代の流れに応じて変化していくものです。乳幼児に関わる各種最新情報の収集を怠らずに注視を続けていきましょう[11]。

文　献

1)　独立行政法人日本スポーツ振興センター学校安全部：学校管理下の災害［令和4年度版］，独立行政法人日本スポーツ振興センター学校安全部，2022.

2)　独立行政法人日本スポーツ振興センター学校災害防止調査研究委員会：学校災害事故防止に関する研究「学校における固定遊具による事故防止対策」調査研究報告書，独立行政法人日本スポーツ振興センター学校安全部，2022.

3)　公益財団法人日本学校体育研究連合会足育事業（JASPE 足育）：正しい靴の履き方，http://www.gakutairen.jp/kenkyu/ashiiku/（2023.11.21 確認）.

4)　吉村眞由美監修：『「ほけんニュース」ただしくはくとうごきやすいよ，No.399』少年写真新聞社，2017.

5)　山中龍宏：「日本小児科学会雑誌「傷害速報」と事故による傷害予防の取り組み」『小児看護 36』pp.748-754，2013.

6)　掛札逸美：『乳幼児の事故予防　保育者のためのリスクマネジメント』pp.42-46，ぎょうせい，2012.

7)　寺町東子：『保育・学校現場で起きる重大事故，第3回子どもの障害予防リーダー養成講座テキスト』pp.1-4，2018.

8)　林　幸子：誤飲・誤嚥，『第3回子どもの障害予防リーダー講座テキスト』pp.1-13，2018.

9)　消費者庁消費者安全調査委員会：窒息事故から子どもを守る，https://www.youtube.com/watch?v=PaT8fjCNzQI（2023.11.21 確認）.

10)　北村光司：『溺れ，第3回子どもの障害　予防リーダー講座テキスト』pp.1-8，2018.

11)　西田佳史，山中龍宏：『保育・教育施設における事故予防の実践　事故データベースを生かした環境改善』中央法規出版，pp.016-034，2019.

（吉村眞由美）

第9章　0〜2歳児の身辺自立と生活習慣の形成

　0〜2歳児は、生涯健康を保つために、望ましい生活習慣や生活リズムを培うことができるよう育てることが大切です。各年齢の発達段階に応じて、睡眠、食事、運動を通じて、正しい生活リズムを獲得できてこそ、自律神経の働きが良くなり、病気に対する抵抗力がついて、生涯、健康に過ごすことにつながるのです。

1.　0歳から3歳未満児の発達および留意事項

　早寝、早起き、栄養、排便、運動を適切に行い、乳児の頃から正しい生活リズムで過ごすことにより、心が安定し、心身ともに健康になります。人は、夜、眠っている間に脳内の温度を下げて身体を休めるホルモン「メラトニン」や成長や細胞の新陳代謝を促す成長ホルモンが分泌されます。生活リズムとは日常の生活において、睡眠、起床、朝食、排便、あそび、昼食、午睡、午後のおやつ、夕食などを一定の規則正しい時間や時間帯で、毎日繰り返して生活するリズムのことをいいます。夜、遅寝の子どもは、その生体リズムが乱れてしまいます。睡眠リズムが整ってくる1歳頃から、午後8時半から9時に寝て、朝は7時頃に自然に目覚めることが重要です。夕食は遅くとも、7時ごろにとることが必要になるでしょう。

（1）　０歳児

　０歳児では成長発達や健康生活において、保護者が適切な環境を整えて、健全な成長を促す必要があり、成長とともに適切な生活習慣を身につけさせることが重要です。

　また、新生児期から、保護者による十分な養護のもとで生活し、十分に世話をしてもらい、たくさんの応答的な関わりとともに、愛情をかけてもらうことで、心が安定し、意欲的に活動できるようになるでしょう。

（2）　１歳児

　１歳頃は、自立歩行とともに、好奇心が増す時期です。また、いけないことをわざと行ったり、なんでも自分でやりたい、思い通りにならないと癇癪をおこす等、第１次反抗期（イヤイヤ期）が始まります。しかし、大好きなあそびをすると、気分がすっかり変わることもあります。この時期は、周りの大人もストレスを感じる時期であり、生命に関わることや、他人や自分を傷つけることは教えなければなりませんが、自己形成の大切な時期なので、温かく見守っていくことも大切です。

（3）　２歳児

　２歳児は、歩くこと、走ることが大好きで、一層活発に動けるようになります。また、手先の動きはますます器用になり、探索活動も活発になります。興味のあるものがあると、近づいて覗いてみます。ボタンがあれば、押そうとします、大人がやっていることは、すべて真似をしたくなる時期です。まだイヤイヤ期も続いていて、子どもの活動を止めると、癇癪を起して泣きわめく姿もみられます。様々な探索行動やあそびの体験を通して、体力づくりや運動能力の向上、手指の発達などにつながる時期なので、自分で行いたいという意欲も大切にし「自分でできたよ」という達成感を味わわせることが大切です。

2. 食　　事

（1）新生児

　3時間おきに、ミルクや母乳を飲みます。新生児の授乳ペースにあわせて、飲みたがるだけ授乳します。成長するにつれて、授乳の間隔や時間も整ってきます。授乳は、栄養を取るだけでなく、親子のスキンシップやコミュニケーションを通して、親子の信頼関係を深め、乳児の心とからだの健やかな成長を促します。

（2）6か月～

　離乳食を始めますが、卵や甲殻類など、アレルゲンになりやすい食材は、1歳を過ぎてから与えるようにします。

　1歳前後の離乳食の時期には、自分で食べたいという欲求がでてきて、手づかみで食べるようになります。スプーンやフォークはまだ使えませんが、食器といっしょにおいて、持つことに慣れるようにします。

　1歳半くらいから、スプーン・フォークの使い方を教えていくと、こぼしながらも自分で食べられるようになります。また、コップに慣れて、自分で飲み物を飲めるように慣らしていくとよい時期です。次第に、自分でコップをもってこぼさずに飲めるようになります。

（3）2歳児

　スプーンと茶碗の両方を持って食べられるようになります。食事の際の挨拶も覚え、食材の名前にも興味をもって楽しく食事が食べられるようになります。

　食事の時間は、栄養補給だけでなく、楽しい雰囲気の中で食事をすることで、情緒の安定を図る場でもあります。

3. 睡　　眠

（1）　0歳児

　新生児は1日のうち、16～17時間眠っています。約3時間ごとに眠り、ミルクや母乳を飲んで、おなかがいっぱいになると眠るといった生活を送っています。

　徐々に1度の睡眠時間が長くなり、一日のうちで寝る回数も減ってくるでしょう。起きている時は、十分にミルクを飲み、子どもの睡眠リズムにあわせた生活が必要です。1日に必要な睡眠時間は、新生児で14～17時間、0歳児は12～15時間、1歳児～は10～13時間と言われています。

　3、4か月を過ぎると昼夜の感覚がついて昼寝と夜寝の時間がまとまってきて、日中起きている時間が長くなっていきます。

（2）　1歳児

　保育園でも、乳児一人ひとりの睡眠リズムにあわせて生活することが大切です。睡眠中は、新生児から4か月ごろの乳児でも、寝返りはうちませんが、自分で少しずつ動くこともあるので、ベッドに寝かせる場合は、必ず柵をすることが必要です。また、床に寝かせる場合も、周りに危険なものがないか確認し、段差のない安全な場所に寝かせましょう。敷布団やマットは、窒息することを予防するため、柔らかすぎず、適度な硬さの寝具を使用します。また、通気性のよい、乳幼児にとって快適な寝具を選ぶことが望ましいでしょう。

　子どもを寝かせるときは、スタイを外し、寝具の周りにタオルや布など、鼻や口を塞ぐものがないように注意します。

　できるだけ、うつぶせ寝ではなく仰向けに寝かせ、途中で寝返りをうってうつぶせになった場合、そっと横向きか仰向けに体位をかえることが大切です。そのようなことが、窒息やSIDSの防止につながります。

（3）　1歳児クラス以降

　乳児クラスでも、歩けるようになったら、午前中の外あそびはもちろん、午後の外あそびを実施することが早寝につながります。園庭が狭く、外あそびが十分できない園は、散歩に行くことをおすすめします。

　また、保護者にも午後の外あそびを奨励し、たくさんからだを動かして遊び、早寝につながるようにしていきたいと考えます。

　生活リズムの悪循環の例として、遅寝 ⇒ 短時間睡眠 ⇒ 遅起き ⇒ 朝食を食べない ⇒ 朝の排便習慣が身につかないことにより、情緒の不安定、意欲低下といった状況がみられます。さらに、生活リズムの軽視により、低体温の子どもたちが多くみられ、保育園や幼稚園に登園してからも、子どもたちは実際に朝からぼーとしていたり、眠いと訴えたり、朝から落ち着かない状態が目立ってきます。早寝をして睡眠時間をたっぷり確保して、早起きをして、朝からすっきりとした気分で、一日の園生活を元気に過ごさせたいものです。

　保護者には、朝は遅くとも7時までにはカーテンをあけて起こして、日の光を浴びさせることを奨励してほしいと考えます。園でも、午前中は外で一時間以上あそばせ、保育園のお昼寝では寝つきがよくなるような保育の工夫をしていきたいものです。午睡後は、外での活動を取り入れてたくさんからだを動かして遊ぶことにより、帰宅してから早めに夕食を食べて、早寝につながる生活を送らせてあげたいものです。すなわち、早く寝つくことができて、バタンキューとなるような良好な睡眠がとれるよう保育を工夫することが必要不可欠です。

（4）　午　睡

　保育園の0歳児は、一人ひとりの睡眠リズムを大切にし、その子の生活リズムに合わせて寝かせます。月齢が上がるとともに、午前中に睡眠を1回、昼寝を1回になるよう、園での睡眠リズムを形成していきます。1歳児になるにつれ、保育園では午後に一回のお昼寝になるように、園での生活リズムを整えてあげることが大切です。連絡帳で必ず家庭での就寝時刻

や起床時刻、睡眠時間を把握して、家庭と連携して、保育園の午睡のリズムを作っていくことが大切です。

　午睡中の保育室の採光は、昼夜の区別ができることと、乳幼児の様子を把握できるように、あまり暗くせず、明るい保育室で午睡させることが望ましいでしょう。また、夜の就寝時刻にひびかないように、遅くとも午後の3時には、午睡から目覚めさせることが求められます。

4.　身辺自立と着脱

　0歳児でも、保育園で様々な経験をしているうちに、自分でできるようになることが多くあります。食後に自分からおしぼりで顔を拭こうとしたり、食後にエプロンをはずそうとしたり、給食で自分の食べたいものがあると「んん」と声を出して指をさし「それ食べたいからとって」や「いやいや食べない」等のジェスチャーをしたりします。園で、0歳児でも外から帰ってきたら、上着や靴を脱いだ後に、手を拭いたりしながら名前を呼んであげて、エプロンをつけて着席する等、いつも同じ生活パターンで生活をするようにすると、子どもたちが見通しをもって活動するきっかけとなり、身辺自立につながります。

（1）　1歳児の着脱

　1歳くらいから、自分でズボンや靴を脱ぐことのできる子どももいます。また、自分のロッカーから衣服を取り出し、自分で用意をしようとする子どももいます。このように、自分で身支度をしようとする姿も見られるので、保育者が少し手伝うようにして、「自分でできたよ」という達成感を大切にすることを心掛けましょう。衣服の着脱については、自分で着脱しやすい柔らかな素材の衣服を家庭より用意してもらうようにしましょう。

（2）　2歳児の着脱

　衣服の着脱に関しては、ズボンをはいたり、靴を履いたりできるようになっていきます。丁寧に教えてあげれば、衣服をたたもうとするようになります。

　この時期は、自分で着脱することが難しい上下つなぎの洋服やきついジーンズ素材の洋服は着せるのをやめて、子ども自身で着脱しやすい衣服を用意してあげることが意欲を育てることにつながります。また、ボタンをはめることが子どもにとって手先の発達につながり、さらに、自分で着脱できることは大きな喜びと自信につながります。子ども自身で着替えができて、自分でできたという満足感をもたせるために、ズボンの裏がえしを直したり、履きやすいように少し手伝ったりするなど、保育者がさりげない援助をします。着脱の中で、自分でボタンをはめたがる子どももいるので、根気強く見守り、また、あそびの中でスナップやボタンをはめる、手づくり玩具で遊ばせることも良い経験になります。

（3）　2歳児身辺自立

　2歳頃から、おもちゃの片づけをあそびといっしょに行うようになります。園では、おもちゃが多すぎたり、少なすぎたりせず、適正な量にし、置く場所に絵で示したりする等、子どもが楽しみながら片づけをしやすいよう工夫する必要があります。

5.　排　　　泄

（1）　0歳児

　0歳児の頃は、おむつが濡れていたらこまめに取り換えて、さっぱりとした気持ちで生活できるようにすることが大切であり、その繰り返しが清潔に保つことと排尿や排便をした時に知らせることにつながります。

（2）　1歳児

　排尿間隔は個人差が大きいですが、1歳半くらいから、排尿したら教えるようになる子どももいます。「チッコでる〜」と子どもが知らせ、トイレに行った時に排泄できたら大いにほめると、トイレでの排泄習慣ができてきます。

　トイレットトレーニングは、個人差が大きいことをよく理解して指導する必要があります。

（3）　2歳児

　2歳の頃からおむつが不要になる子どももいます。起きている時だけおむつが外れ、寝ている時だけおむつを着用する子どももいます。

　トイレで排泄をしたら、おおいにほめてあげて、トイレで排尿や排便をする喜びと達成感を味わわせることが大切です。

　排便に関しては、早寝早起きをして、生活リズムを整え、しっかりと朝ごはんをとることによって、規則正しい排便リズムにつながっていきます。また、排泄はゆったりとした時間とリラックスした生理的な状態が影響します。

6.　挨拶の時期の目安

　6か月〜　人の顔が識別できる。人見知りをする。

　1歳〜　手でバイバイをする。

　1歳半〜　「〜た。」と挨拶の語尾だけ言ったり、頭を下げたり等、挨拶のしぐさをする。

　2歳6か月〜　ありがとう、ごちそうさまでした、おはよう等、片言で挨拶をする。

　3歳未満児は、毎日決まった挨拶をしているうちに、自然と挨拶の言葉を覚えます。片言や挨拶の真似ができるようになったら大いにほめてあげ

て、乳児のうちから「いただきます、ごちそうさま、おはよう、さような
ら、ありがとう」等の生活に必要な挨拶や言葉の習慣を自然に身につけさ
せましょう。

7.　乳児期の清潔について

　0歳児は暑い時期に汗をかいたら、保育園でも沐浴をして、きれいさっ
ぱりと清潔に過ごせるようにすることが大切です。おむつは、排尿したら
こまめに取り換えます。最近のおむつは，おむつの表面がさらっとして
おり、長時間取り換えなくても、尿漏れがしない便利な仕様になってい
ます。しかし、おむつを長時間取り換えないと、皮膚疾患の原因になり
ます。そのことを保護者にも伝えて、家庭といっしょに乳児の清潔を保ち
たいものです。皮膚のトラブルは、早めに医者にみてもらうように保護者
にアドバイスをすることも大切です。また、季節を問わず、汗をかいたら
どの年齢でも着替えをして、さっぱりした気持ちで昼食をとれるようしま
す。

8.　乳児の手洗いや口腔内の清潔

　乳児の頃は，手洗いや口腔内の世話を保護者が行いますが、外から帰っ
てきた時や食事前に必ずお手拭きで手を拭くこと、食後は白湯や麦茶を飲
んで口腔内の清潔を保つことを習慣としましょう。保育者が汚れた手や足
を拭きながら、「きれいになってさっぱりしたね」「気持ち良いね」等の言
葉をかけながら清潔にしてあげることで、子どもたちはきれいにする心地
よさを感じることができます。
　1歳を過ぎて、ひとり立ちができるようになったら、保護者といっしょ
に水道で手洗いができるようになります。手洗いの習慣も、小さいうちか
ら身につけるようにしたいものです。
　2歳半くらいから口をゆすぐ「ブクブクうがい」ができるようになるの

で、食後は口をゆすぐ習慣をつけて、口腔内の清潔を保つように習慣づけることが大切です。

　2歳児クラスから、園の嘱託歯科医、歯科衛生士、看護師と協力して、歯磨きの必要性や歯磨きの仕方を、紙芝居や歯の模型を使って指導することを推奨します。

9. 愛着の大切さ

　子どもは、新生児や乳児のころから、たくさん抱っこやおんぶをしてあげて、スキンシップをたくさんとってあげることが重要です。言葉が分からない新生児の時期から、子どもの目をみてゆっくりと語りかけるとともに、子どもの声や動作から子どもの思いをくみとり、応えていくことも大切です。そのようなことを繰り返して、乳幼児は、大人との愛着関係を構築し、大人を信頼するようになり、心の安定につながります。

　そのように、大人とたくさん応答的な関わりを持った子どもは、乳幼児のころから情緒が安定し、いつも朗らかで、意欲的な子どもになるでしょう。また、我慢ができて、何事にも粘り強く挑戦できる子どもになります。

　したがって、家庭だけではなくて、保育園や幼稚園でも、保育者は子どもの心が安定するように努めなくてはなりません。新生児や乳児期は、抱き癖を気にせず、たくさん子どもに抱っこやおんぶをしてあげながら、たくさん語りかけ、子どもの思いに応えてあげることが大切です。子どもの愛着は、母親だけでなく、身近な保育者とも愛着関係を結ぶことができると言われています。保育者も子どもと十分にスキンシップをとることが重要です。

10.　新学期、進級児・入園児への対応

　新学期は保護者と離れて新生活になり、進級して環境が変わり、不安定な様子をみせる子どもも多くみられます。子どもが安心して園生活を送れるように、親との離れ際に抱っこをして、スキンシップを多くとり、子どもが安定するよりどころを見つけてあげて、安心して園生活が送れるようにします。

11.　健康的な保育環境

　乳児期や3歳未満児の子どもたちにとって、清潔で安全な保育環境は、健康を保持するために必要不可欠です。さらに、子どもは、望ましい基本的生活リズム、生活習慣を獲得することが大切です。保育者は、子どもの発達段階にあわせて、保育環境を整える必要があります。

（1）　床の材質
　乳児クラスは、畳または絨毯とフローリングの両方が保育室にあることが望ましいでしょう。特に0歳児クラスは一人ひとりの生活リズムにあわせて睡眠がとれるような落ちつけるスペースが必要です。また、寝ている子ども、遊んでいる子ども、または食事する子どもの生活の場を確保するために、それぞれのスペースが確保されていることが望まれます。室内はできる限り段差がなく、コンクリートなどの材質や金具の突起のない保育室がよいでしょう。

（2）　室温・温度と冷暖房
　乳児は室内で過ごすことが最も多いので、室温の管理は重要です。一般的には18°〜22°の室温が最適だとされています。暖房をつける時期は、25°前後に室温を保つことが必要です。感染症予防のためや、暖房器具に

よる有毒ガスに気をつけ、頻回に換気をすることが重要です。また、乾燥を防ぐため、湿度を保つことに努めます。乾燥すると、インフルエンザなどの感染症の感染のリスクが増えるので、加湿器や加湿器付きの空気清浄機を用いることが必要です。夏季は室内と室外の温度差は2～5℃とされています。夏は食欲が減退するので、快適な室温に設定し、食事や睡眠ができるように工夫することが大切です。しかし、子どもが寝付いたら、身体が冷えすぎないように、適切な室温の調節が必要です。

（3）照明、騒音

保育室は日当たりがよく、騒音のないことが望ましいでしょう。日中の照明は日光で室内が明るければ十分ですが、少し暗い保育室なら、常に電気をつけて明るい雰囲気にするように心掛けましょう。また、換気や通風が適宜できる環境にすることが必要です。

12. 散　　歩

散歩は身体活動量を増やすことのできる運動であり、体力づくりはもちろん、基礎代謝の向上や体温調節、脳、神経系の働きに重要な役割を担っています。また、午後の散歩は心地よく疲れさせてくれて、自宅に帰ってから、夕飯をたくさん食べて、早寝につながり、結果的に長い睡眠時間の確保につながることが期待できます。3歳未満児クラスは、複数人の保育者が配置されているので、午前も午後も散歩へ行く機会を無理なくもてる年齢ですので、午後も積極的に散歩を子どもたちに楽しませたいものです。

13.　家族支援

　最近は、イライラして、情緒が不安定な子どもをみることがしばしばあります。保育者にいつもべったりとくっついてきて甘える、不安定で頻繁に泣く、攻撃的になる、保育者の注意をひくような行動（なかなか泣き止まない、激しく泣く、問題行動を頻繁におこす）がみられることも多くあります。そのような時は、まず、家庭の生活状況を把握します。単に、朝食を食べていない、寝不足などが原因で、情緒が不安定なのか、家族に心配事があり、一時的に家族が忙しくて、子どもが不安定になっているのか等、家庭の生活状況をよく聴いて、保護者と子どもの関わりが適切であるか、よく見極める必要があります。

　保護者の生活基盤や心の安定がなければ、子どもの心も安定しないと言っても過言ではないでしょう。子どもの家庭状況やきょうだいの状況、保護者の就労状況をよく把握し、親の悩みを親身に聴き、アドバイスをする等、保護者へのきめ細かい援助が必要な場合もあります。

　さらに、乳幼児との接し方が分からないという保護者も増えてきています。保育者が、乳幼児に実際に語りかけ、一緒に遊ぶ様子を保護者にみせたり、伝えたりして、乳幼児へのよりよい接し方を保護者が理解し、実践できるように支援することも保育者の大切な役割です。

　家族が大変な状況の時は、保育者は家族の話に耳をよく傾け、共感するだけでも、保護者の気持ちが落ち着き、子どもの様子も落ち着いてくることがあります。

　職場全体で、保護者支援ができる体制を構築し、専門性にあった保護者支援を行います。例えば、病気のことは看護師が保護者の相談にのったり、行政サービスについては園長や主任が保護者の話を聴いたりするなど、それぞれの職員の専門や役割にあった援助をします。

　他の機関と連携して支援が必要なケースがあれば、保護者へ関係機関を紹介するなど、適切な家族支援を行う必要があります。いつでも、保護者

の支援ができるよう、日頃から、保護者の話をよく傾聴し、良好な関係を保つように心がけることが大切です。

　また、最近は、虐待やネグレクトの子や、不適切な養育を受けている子どもも増加し、愛着障がいの子どもも増えています。愛着障がいの症状（情緒が不安定でよく泣く、保育者から離れない、注意をひく行動が目立つ等）が見られたら、家庭だけでなく、保育者が家庭の代わりに子どもの心が十分満たされ、情緒が安定するように努めることも大切な役割です。日頃から、子どもの傷や変化にも気をつけ、虐待が疑われるような傷やあざ等があったら、子どもに気づかれないように傷やあざを写真に撮り、記録を詳細に残しておくことが必要です。さらには、自治体の子ども家庭センターや児童相談所へ、臆することなく相談をすることが重要です。

14. 職員間の連携・協働と実施体制

　保育園においては、乳幼児を保育するということから、事故予防や感染症対策等の安全管理が求められます。それとともに、子どもの健康基礎をつくる時期であり、子どもだけではなく保護者を含めて健康的な生活習慣の確立を支援するための子どもへの保健教育と家庭への保健指導や健康教育を実施することが求められています。これらのことを効果的に実施するために、保育者は保育所内の職員間や地域の専門家と連携して子どもの健康を守ることが必要です。

15. 子どもの育ちを理解・既往歴や体質の把握と流行する感染症の把握

　保育者は子ども一人ひとりの発達段階、既往歴、病歴、体質や性格、子どもの運動能力など、あらゆる子どもの個性を把握すること必要です。例えば、子どもに発疹ができた場合は、アレルギー体質なのか、既往歴や予防注射の履歴をみて、水痘や麻疹の可能性はないか等、どんな原因で発疹

がでたのか可能性をさぐることができます。現在、どんな感染症が流行っているのか情報を収集しておくことも保育者の大切な役割です。例えば、保育所で下痢をした場合、感染性胃腸炎が流行している場合は、その子どものケアとともに、ほかの子どもに感染させないように配慮をします。

　さらに感染症が流行しないように、保育室の徹底的な消毒が必要になってきます。また、新型コロナ感染症やインフルエンザが流行している時期なら、子どもの微熱でも、感染症の罹患の可能性を考え、具合の悪い子どもを別室で保育したり、早めに保護者に連絡をしたり、その子どもの様子を詳細に把握する必要があります。このように、保育者は日々の家庭の状況や一人ひとりの子どもの状況を詳細に把握し、ほかの職員とあらゆる情報を共有し、子ども一人ひとりの健康と園全体の健康管理を行っていくことが重要です。

（山梨みほ）

第10章　0〜2歳児のあそび

　本章では、子どものセルフケアの観点から、0〜2歳児の特性や関わり方などについて述べるとともに、おもちゃの選び方や自然との関わりから、「あそび」に伴う人的および物的環境の整え方について考察します。また、具体的な「ふれあいあそび」や「遊具・用具を使用してのあそび」の例を示します。

1.　子どものセルフケア

　加藤ら[1]によると、子どもは、生きていくために、子ども自身が自分のために意図的に遂行しなければならない人間の調整機能を発達させる中で、身につける能力と行動を自発的に行っていきます。それを子どものセルフケアと言いますが、この時期の子どもたちは、自分で自分のケアが難しい時期にあります。

　また片田ら[1]は、オレム看護理論から、自分で自分のケアができない場合、他者にケアを依存する必要があり、その必要なケアを引き受けて責任をもって実施する親や養育者を「依存的セルフケア・エージェント」と呼んでいます。

　近年では、依存的セルフケア・エージェントを親や養育者だけにとどめられない社会状況にあり、保育者もその役割を担う必要があるのではないかと考えます。

　そして、0 〜 2 歳は、中枢神経の発達が顕著に進む時期にあり、新生児反射から随意運動への移行、粗大運動から微細運動への移行が進む時期でもあります。情緒性や社会性の発達の基盤も作られる時期であるからこそ、親や養育者、保育者など、人との関わりの中で、発育発達を促す必要があります。

　乳児期前期について「ボウルビィは、母親は、子どもにとって、絶対的な信頼を寄せ、絶対的に依存していけるものという、『母親は自分の安全基地である』という基本的に安全な人間関係を保つことができる状態にあることを、子どもが確信している状態のことを、『心の健康』であるとし、このための母親の行動として、子どもと母親との間の頻繁で持続的な身体接触（肌の触れ合い）によって、子どもの不安を和らげる必要があると母子の愛着行動（アタッチメント）の体験の必要性を強調している」と、松本 [2] は述べています。

　また、「エリクソンの基本的信頼感とは、母がわが子に微笑みかけ、話しかけ、愛撫し、心からの愛着行動を繰り返し与えるとき、赤ん坊の心には深い快感が溢れ、自分は愛され、守られているという純粋な安らぎの感情が体験されることによって培われるものである」とも述べています。

　一方、乳児といえども、同時に自分の欲求が満足されない体験にも当然遭遇します。その時に乳児は、自己についても外界についても不信の感覚を芽生えさせます。乳児が、この不信を感じることの体験もまた重要であるとされ、「信頼感」と「不信感」とが一定の割合で基本的な社会的態度に含まれることが乳幼児期の発達に大切であるとされています。

　そして、信頼感がより良く、より力強く獲得される時、乳児期の発達危機は解決され、健康な人間性を形成するうえでの発達課題が達成するとされています。

　乳児期に安定した母子の愛着関係が獲得されると、その後の自立の基礎となります。また、思春期に、安定した心の健康を形成することにも深く影響します。乳幼児期における良好な母子関係は、子どもの心の健康を育むうえで、計り知れない意義があるでしょう。

　乳児期後期について、生後6か月ごろから見知らぬ人には恐れを感じ、見慣れている人にはすがりつく、「人見知り」が始まります。これは母親が、自分にとってかけがえのない大切な存在であるという感覚をしっかり心の内にもったことの表れであるとされ、この人見知り体験は情緒的な人間関係を形づくるうえで、極めて重要な意味をもつと考えられています。

　また、情緒的な人間関係をつくる能力は、「思いやり」へと発達することから、乳幼児期の母子関係は重要です。母子間の良好な情緒的関係が成立しないと、思春期に様々な問題行動が起こる原因になります。10か月を過ぎても人見知りしない場合、あるいは一人で寝かせておいてもいつまでもおとなしく泣かない・後追いしない等、母親にとって手がかからない子どもの場合、心の健康状態が心配される可能性もあります。

　このような子どもに接した際、家庭環境、母親の心理的状態などのチェックを行うことも必要です。この状態が普通であると考えている母親に対して、しっかり抱きしめる母子間の身体的接触、愛着行動を積極的に多くすることを指導し、情緒的な母子関係を確立して人見知りが現れるように促すことは、将来の心の問題の予防のために有効と言えるでしょう。

　また森藤ら[3]によると、親との継続的なスキンシップが、生まれて間もない早期から必要であるとし、生まれてすぐに分離保育される低出生体重児や重度の障がいのある新生児と親へのケアとして、医療現場ではカンガルーケアを積極的に取り入れているそうです。このことからも、生後間もない頃からの親との継続的なスキンシップが不可欠であることが分かります。

　人と関わる「ふれあい」を伴うあそびの場面では、保育者や保護者との関わり等を大切にしたいものです。そして、生存にとって必要な技術が持つ諸原理との接触を子どもにもたらすような環境や、身体活動を伴うあそびが展開できるような環境を整えたいものです。その中で、子どもが愛情を豊かに感じ、アタッチメントを形成していくように促しましょう。

2.　おもちゃとあそび

「ごっこあそび」の際のおもちゃには、あそびのリアルさをもたらす楽しさと、1つのおもちゃが色々なものに例えられる楽しさの両面があります。また、子どもにとって良いおもちゃとは、子どもの発達段階に合っていることや、子どもの運動能力や巧緻性や認知能力の発達に合っているものです。それらに加えて、何ができるようになってきているのか、何に興味を持ってきているのか等、子どもをよく見て、おもちゃを選ぶ必要があります。

ギブソンは、「アフォーダンス理論」を提唱しました。佐々木[4]は著書の中で、アフォーダンスとは、「環境が人間や動物に対して提供する意味であり、環境が、我々の行動を誘引するのがアフォーダンスである」と述べています。

橘[5]は、子どもたちにとっての環境のアフォーダンスは、単に環境と行為との対応関係ではなく、環境を媒体としてその先にある価値を予期的に見いだすことであり、その価値を目指してさまざまに試行錯誤しながら獲得されるものではないかと述べ、その獲得プロセスこそが、子どもの発達を促していると考えられる、と述べています。

エリスが提唱した「遊具選択3つの原理」[6]は、

①　子どもたちは、彼らが受ける刺激のために遊ぶ
②　その刺激は、不確実性の要素を含んでいなくてはならないこと（ある程度新奇性、複雑性、不協和性をもつこと）
③　刺激を生み出す相互作用は、対象についての知識とか対象による経験が蓄積されるに伴って複雑さを増さなければならない

としています。また、子どものあそびには、探索・調査・操作・認識行動が引き出せるようなあそびのプログラムや遊具が必要であると述べています。エリスが提唱した「複雑性」「不協和性」について、「子どもの興味を損なわない程度」がどのくらいなのかを計る能力が保育者には必要ではな

いか、と考えます。

3. 自然とともに

カーソン[7]は、子どものセンス・オブ・ワンダー（神秘さや不思議さに目を見張る感性）を引き出せるあそび環境の構築も忘れてはならないと述べています。自然環境は、子どもたちのアフォーダンスを引き出す、「複雑性」「不確実性」をもった有効な媒体であるのではないかと考えます。

自然環境は、二度と同じ光景がなく、同じ風は吹きません。小さな生き物の生を感じ、踏みしめる地面の柔らかさや斜度を足の裏で感じ、歩きます。からだの中であらゆる感覚と筋肉の調整をしながら活動することが、自然の中では可能になります。子どもたちが自然の中であそぶ（運動する）ことは、体力や運動能力を向上させるのはもちろん、あらゆる感性を刺激し、乳幼児期の発育発達に寄与するものであると考えます。

4. あそびの実践

依存的セルフケア・エージェントである保護者や保育者などの大人が、主体的に関わりながらともに遊ぶことが、子どもから湧き上がってくる「遊びたい」「触ってみたい」「動きたい」などの子どもたちが本来もっている運動欲求や探索欲求などを満たし、情緒的な心の動きを大切にできると考えます。

そこで、「ふれあい」や「遊具との関わり」をともなう「あそび」を以下に紹介します。

〈ゆらゆらゆれる、いっしょにゆれる〉

・あそび方

保育者は、あぐらや長座、正座など、リラックスできる座り方で座り、子どもを横抱きにします。抱っこしながら、からだに対して、横

や縦方向、おしりを軸に上半身を回したりして、ゆったりとゆれます。

・ねらい

アタッチメントの形成

平衡感覚への刺激

子どもだけでなく、保育者もリラックスする

〈ぎゅっとして、ばあ〉

・あそび方

保育者は、座位で、子どもを横抱きや縦抱きに抱っこし、ギューッと身体を密着させてから、「ばあ！」と言って、身体から離し、目で見つめ合います。

・ねらい

アタッチメントの形成

〈高い高い〉

・あそび方

保育者は、抱っこから、子どもの両脇に手を入れて、上方へ持ち上げます。

・ねらい

アタッチメントの形成

平衡感覚・空間認知能力の向上

〈飛行機〉

・あそび方

　保育者は、子どもの胸と太もも
　に手を添えて、もち上げ、水平
　や上下への移動をしながら進み
　ます。

・ねらい

　アタッチメントの形成

　平衡感覚・空間認知能力の向上

〈ぶるぶるドボン〉

・あそび方

　保育者は、長座で座り、その
　足の上に、子どもが、保育者と
　同じ向きで座ります。保育者が
　足をぶるぶると震わせ、子ども
　のタイミングを見て開脚をしま
　す。この時、「ぶるぶる〜、ドボ
　ン」と声をかけながら行います。

・ねらい

　アタッチメントの形成

　平衡感覚

　架空の緊急事態の経験[8]

〈マラカスの音を聞いてみよう、
振ってみよう〉

・あそび方

　子どもは、小さなマラカスを音
　楽やリズムに合わせて振ります。

・ねらい

　リズムを感じる

　自分で音を出す楽しさの経験

　粗大運動から微細運動への移行補助

〈音楽を聴いて動こう、ダンスしよう〉

・あそび方

　子どもが好きな音楽を聴きなが

　ら、歩く、走る、ジャンプ、ダ

　ンス等を行います。

　親子で一緒に行います。

・ねらい

　リズム感

　心が躍る体験

　いろいろな動作の習得

〈ボールに触れよう〉

・あそび方

　子どもがボールを使って遊びま

　す。保育者が子どもの目の前で

　ボールを動かして、追視を促し

　たり、触ろうと手を伸ばしたり

　する動作を引き出します。

　ボールを転がす、投げる、蹴る

　等を行います。

　ボールの上に座る、立つ、トランポリンのように使って遊びます。

・ねらい

　巧緻性、平衡感覚の発達

　動くものに対する反応力の向上

〈家にある身近なもの（タオル）で遊ぼう〉

・あそび方

　長方形のフェイスタオルを用いて、形を変えながら遊びます。

　子どもがタオルを広げてその上に座り、保育者が引っ張ります。

　また、タオルを結んでボールにする、タオルを細く折りたたみ、棒状

　にしてその上を歩く、または、棒を踏まないようにジャンプして飛び

　越える等のあそび方があります。

・ねらい

　巧緻性、空間認知能力、平衡感覚の発達

注）

・1971 年、ドロセア・E・オレム（米）は、Nursing concept of Practice（オレム看護論）
　を発刊。複数の看護理論家の理論も広く活用し、象徴的相互作用論（社会を自己と他者
　との相互作用の視点）からとらえる方法論。

文　献

1）　及川郁子・片田範子・勝田仁美・加藤令子ら：『こどもセルフケア看護理論』医学書院，
　　pp.18-22，p.32，2022.

2）　松本壽通：「乳幼児期における心の健康のために」『日本生活体験学習会誌１』pp.89-
　　92，2001.

3）　森藤香奈子・宮原春美・宮下弘子：「低出生体重児と両親へ導入したカンガルーケア
　　の効果」『長崎大学医学部保健学科紀要17（２）』pp.53-57，2004.

4）　佐々木正人：『新版アフォーダンス』p.60，岩波書店，2015.

5)　橘弘志：「保育園児の遊び行動からみた環境のアフォーダンスに関する考察」『人間・環境学会誌 15（1）』p.39，2012.

6)　M・J・Ellis 著，森　楙・大塚忠剛・田中亨胤訳：『人間はなぜ遊ぶのか —— あそびの総合理論 —』黎明書房，pp.237-240，1985.

7)　レイチェル・カーソン：『センス・オブ・ワンダー』新潮社，2022.

8)　日本幼児体育学会：『幼児体育 — 理論と実践 —【初級】第 6 版』大学教育出版，p.34，2019.

（藤田倫子）

第 11 章　3 〜 5 歳児の身辺自立と生活習慣の獲得

　基本的な生活習慣の獲得は、これまで家庭が担うものとして考えられてきました。しかし、近年、核家族化、少子高齢化、都市化、女性の社会進出、地域社会の変容、ライフスタイルの変容等により家庭環境は多様化しています。また、2019 年に報告された新型コロナウイルス感染症（COVID-19）の出現、そして、急速な ICT 化により、全世界の人々の生活様式が一変し、家庭環境の変化を余儀なくされるなど、家庭における子育ての負担は、肉体的・精神的両面において荷重になっていると言えるでしょう。このような状況下において、基本的生活習慣の獲得における保育所・幼稚園・認定こども園の役割は非常に重要であると考えます。

　そこで本章では、特に 3 〜 5 歳児の幼児の身辺自立や生活習慣の獲得について考えていきます。

1.　幼児の生活習慣とは

　生活習慣とは、毎日生活を送る中で習慣化された行為を意味します。その中でも、生命的な行為として日常的に繰り返されるものを基本的生活習慣とよび、食事、睡眠、排泄、衣服の着脱、清潔の 5 項目が挙げられます。

　そして、保育所保育指針第 1 章総則において、保育の目標が掲げられ、その中で「健康、安全など生活に必要な基本的な習慣や態度を養い、心身

の健康の基礎を培うこと」をその課題の一つとして挙げています。

　また、幼稚園教育要領第 2 章における領域「健康　2 内容」では、「（6）健康な生活のリズムを身に付ける」「（7）身の回りを清潔にし、衣服の着脱、食事、排泄などの生活に必要な活動を自分でする」と示され、さらに、幼保連携型認定こども園教育・保育要領では、第 2 章「1 ねらい（3）」において、乳児期・満 1 歳以上満 3 歳未満・満 3 歳以上と、それぞれ、「食事・睡眠等の生活のリズムの感覚が芽生える」「健康、安全な生活習慣に気付き、自分でしてみようとする気持ちが育つ」「健康、安全な生活に必要な習慣や態度を身に付け、見通しをもって行動する」とあります[1]。

　つまり、基本的生活習慣の獲得は、「生きる力」の基礎を育んでいくうえで最も重要であると言え、乳幼児期の発育・発達特性を捉え、見通しをもって連続的に行っていく必要があります。また、これらは、様々な国や地域により異なり、社会や文化、時代の影響を強く受けていることを理解していなければなりません。

2.　食事の習慣

　子どもたちたちの生活習慣の乱れが学習意欲、体力、気力の低下の要因として指摘されるなか、特に、朝食を毎日食べている子どもの方が、学力調査の平均正答率や体力合計点が高い傾向にあるとの報告を受け、2006（平成 18）年 4 月には、「早寝早起き朝ごはん」国民運動が文部科学省によって推進されてきました[2]。このような国民運動の効果等もあり、家庭においても、朝食摂取の重要性が広く認識され、改善されてきました[3]。しかしながら、両親の就労状況の変化、ひとり親家庭の増加等、大人のライフスタイルの変化に伴い、依然として、食のリズム、食の質、コショク（孤食・小食・個食・子食・粉食・固食・濃食）の問題など、様々な問題や課題は多く残されています。

　食べることは、生きることの源であり、心と体の発達に密接に関係しています。乳幼児期から正しい食事のとり方や望ましい食習慣の定着およ

び食を通じた人間性の形成・家族関係づくりによる心身の健全育成を図る
ため、発達段階に応じた食に関する取り組みを進めることが必要です。特
に幼児期は、身体発育と共に、運動機能や脳・神経機能などの様々な機能
が急速に発達する時期です。そのため、食事により摂取するエネルギーや
栄養素は、健康を維持・増進したり、活動に使われるだけでなく、心身の
健やかな発育・発達を促すうえでも欠かせません[4]。そして、子どもの発
達段階に応じて豊かな食の体験を積み重ね、生涯にわたって健康でいきい
きとした生活を送る基礎となる「食を営む力」を培うことが重要となりま
す。

　このような状況を踏まえ、2005 年（平成 17 年）、食育基本法が、国民が
生涯にわたって健全な心身を培い、豊かな人間性を育むことを目的として
施行されました。

　幼児期における教育は、生涯にわたる人格形成の基礎を培う重要なもの
です。この時期に行われる食育では、食べる喜びや楽しさ、食べ物への興
味や関心を通じて自ら進んで食べようとする気持ちが育つようにすること
が大切です。幼稚園における食育については、平成 20（2008）年度に改訂
された幼稚園教育要領に記載がされ、さらに平成 29（2017）年度に改訂さ
れ、平成 30（2018）年度から実施された幼稚園教育要領でも充実が図られ
ています。具体的には領域「健康」において「先生や友達と食べることを
楽しみ、食べ物への興味や関心をもつ」ことがねらいを達成するために指
導する内容とされています。また、幼児の発達を踏まえた指導を行うに当
たって留意すべき事項として、「健康な心と体を育てるためには食育を通
じた望ましい食習慣の形成が大切であることを踏まえ、幼児の食生活の実
情に配慮し、和やかな雰囲気の中で教師や他の幼児と食べる喜びや楽しさ
を味わったり、様々な食べ物への興味や関心をもったりするなどし、食の
大切さに気付き、進んで食べようとする気持ちが育つようにすること」と
されています[5]。

　保育所保育指針や幼保連携型認定こども園教育・保育要領においては、
それぞれ第 3 章「健康及び安全」に「食育の推進」が位置づけられていま

す。保育所等では、健康な生活としての「食を営む力」の育成に向け、その基礎を培うことを目標としています。このため、保育所における食育は、楽しく食べる子どもに成長していくことを期待しつつ、次に掲げる子ども像の実現を目指しています[6]。

①　お腹がすくリズムのもてる子ども

②　食べたいもの、好きなものが増える子ども

③　いっしょに食べたい人がいる子ども

④　食事づくり、準備にかかわる子ども

⑤　食べものを話題にする子ども

また、同指針では、食育の内容として、以下の5つを掲げています。

①　「食と健康」：食を通じて、健康な心と体を育て、自らが健康で安全な生活をつくり出す力を養う

②　「食と人間関係」：食を通じて、他の人々と親しみ支え合うために、自立心を育て、人とかかわる力を養う

③　「食と文化」：食を通じて、人々が築き、継承してきた様々な文化を理解し、つくり出す力を養う

④　「いのちの育ちと食」：食を通じて、自らも含めたすべてのいのちを大切にする力を養う

⑤　「料理と食」：食を通じて、素材に目を向け、素材にかかわり、素材を調理することに関心を持つ力を養う

乳幼児期の子どもにとって、「食事」を通して、食事をみんなで楽しむ、調理のプロセスを日々感じる、様々な食材にふれる等の経験を積み重ねることは、子どもの五感を豊かにし、心身を成長させます。

「食事」は、生きる力の基礎を育むうえで非常に大切なものですが、子どもや保護者を取り巻く状況を考えると、「食」の状況はある意味では豊かになりましたが、「利便性」と引き替えに、日本の伝統的な食文化の継承や食を通じた経験が非常に少なくなっています。

　特に、幼児期においては、四季を感じたり、行事の意味を理解したり、箸の持ち方等の食事作法を身につけたりと、日本の伝統的な文化を「食」を通じて感じられるような経験が必要と言え、そのような機会を大切にしていかなければならないでしょう。またこの時期は、消化・吸収、排泄機能が未熟であるため、1日3回の食事に加えて間食（おやつ）や補食を摂る必要があり、低年齢であるほど、一日の生活において、食事に占める時間の割合が大きくなります。そのため、食事の内容や量、さらには食事の時間を楽しく過ごせるような工夫や配慮が必要です。

　さらに、次代を生きる子どもたちにとって「食品ロス」の現状を知ることも大切です。食品ロスとは、まだ食べられるのに、捨てられてしまう食べ物のことをいいます。国際連合食糧農業機関（FAO）によると、世界では食料生産量の3分の1に当たる約13億トンの食糧が毎年廃棄されており、日本でも1年間に約612万トン（2017年度推計値）もの食料が廃棄されていると報告されています。食品ロスの削減に取り組む理由として、大量の食品を無駄にしないようにするだけではなく、環境悪化や将来的な人口増加による食料危機にも適切に対応できるようにすることが挙げられます。食品ロスの削減は、先進国にとっても途上国にとっても避けては通れない課題となっています。そして、2015年の国連サミットでは、食料の損失・廃棄の削減などを目標とする「持続可能な開発のための開発可能な2030年アジェンダ」が採択されました。2030年までの達成を目指す国際社会共通の持続可能な開発目標（SDGs Sustainable Development Goals）として17のゴール（目標）と169のターゲット（達成基準）が示され、各国や地域で積極的な取り組みが始まっています。日本においては、事業系食品ロスを、2030年までに2000年度比で半減するとの目標を設定しています。一人ひとりが、身近なところから食品ロス削減を意識することが、目標達成には不可欠です[7]。

　このように、現代社会において、子どもの心身共に健やかな成長を育むべき食事についての課題や問題は、もはや家庭だけでは解決成し得ません。そのため、個々の家庭や子どもの問題だけとして捉えるのではなく、

社会全体の問題として捉えていくことが必要です。

3. 睡眠の習慣

　子どもの基本的な生活リズムの乱れにより、無気力であったり、落ち着きがなかったり、気に入らないことがあるとすぐに激怒する等の個々の問題から、友だち（他者）とのかかわりがうまくもてない等、人間関係の構築にも影響を及ぼし、子どもの心身の健やかな成長においても様々な問題を引き起こしています。

　生活リズムの核となるのは睡眠です。規則正しい睡眠は、質の良い睡眠が確保できると同時に、朝の快い起床に結びつくため、生物学的な見地からも健康的な生活リズムが獲得できます。睡眠覚醒のリズムができていないと、体温やホルモンのリズムがくずれ、いわゆる時差ボケ状態に陥ります。肥満や高血圧など、生活習慣病とも関連が生じるほか、自律神経の失調による低体温や高体温の問題、知的面では、大脳の高次の機能にも影響が現われるリスクが高いとも言われています。情緒面では、活動に集中できず、イライラ感が高い、人とうまくかかわれない、すぐにパニックになる、理由なく攻撃する等、知的・情緒的・身体的に、様々な弊害が報告されています[8]。

　日本小児保健協会が1980年・1990年・2000年に行った幼児期の睡眠習慣に関する調査によると、1歳6か月児・2歳児・3歳児・4歳児・5−6歳児のすべてにおいて22時以降に就寝する割合が増加しており、子どもの生活リズムが、年々夜型傾向にあることが明らかになりました[9]。しかし、社会福祉法人恩賜財団愛育会愛育研究所が2016年に行った2歳半の幼児を対象とする起床時刻と就寝時刻に関する調査では、起床時間・就寝時間ともに早くなっているとの報告があり、夜型化に少し歯止めがかかりつつあると考えられます[10]。つまり、その重要性が見直されてきている結果であるとも言えます。

　睡眠時間の質や量は、子どもの発育・発達にもっとも大切です。そのた

め、幼児期は、1日10時間以上の睡眠が必要であり、遅くとも午後9時には就寝し、午前7時に起床と10時間の睡眠時間を確保しましょう。そして、そのためには、よく眠る体をつくることが重要です。日中に戸外でよく遊んで、心地よく疲れていれば、夜は自然と眠くなります。また、太陽のリズムに合わせて生活する、という意識も大切です。朝起きて夜眠る。日中は太陽の下で体を動かす。当たり前のように感じるかもしれませんが、その当たり前を意識することで、生活リズムは無理なく整っていくのです[11]。

　午睡は、保育所や認定こども園等において、午後に行う昼寝のことであり、子どもの休息時間のことをいいます。

　保育所保育指針解説では、午睡の目的について「保育所では、いつでも安心して休息できる雰囲気やスペースを確保し、静かで心地よい環境の下で、子どもが心身の疲れを癒すことができるようにする。午睡は、子どもの年齢や発達過程、家庭での生活、保育時間といったことを考慮し、それぞれの子どもが必要に応じて取れるようにすることが大切である。子どもの家庭での就寝時刻に配慮して、午睡の時間や時間帯を工夫し、柔軟に対応する」と記載されています[12]。しかし、午睡の時間について特に規定が設けられているわけではありません。これは、個人の成長や体力に差があるうえに、保育所の方針などによっても異なるため、個人や年齢に応じて適切に設定される必要性があるからと言えます。

　また、現代社会において、社会環境が大きく変化し、子どもの生活習慣の乱れが大きな課題となっており、睡眠もその一つです。そのため、午睡は、子どもの発育や発達を促すために必要とされる大切なものであるので、家庭での状況をも考慮し、子どもの姿や様子に応じて柔軟に捉え配慮をする必要があります。

　内閣府子ども・子育て本部 による『「令和元年教育・保育施設等における事故報告集計」の公表及び事故防止対策ついて』において、死亡事故発生時の状況では、睡眠中によるものが一番多いとの報告がなされています[13]。午睡中の事故を防止するためにも、安全な睡眠環境の整備が重要で

す。また、午睡における事故防止に向けて内閣府では「教育・保育施設等における事故防止及び事故発生時の対応のためのガイドライン」を策定しています。子どもの数や職員の数に合わせて、定期的に子どもの呼吸・体位、睡眠状態を点検し、早期発見・重大事故の予防のための工夫を行うことが重要であるとしています。

　このように、午睡では、安全な睡眠環境のもと、子どもが安心して入眠できるよう、保育者等が子どもの心身に寄り添い、温かなかかわりをもつことが大切です。さらに、就学に向けて、徐々に午睡の時間がない生活でも安定した生活が送れるようにするなど、今後の生活習慣を見据え、見通しをもった計画が必要となります。

4.　排泄の習慣

　排泄の自立には、大脳や脊髄神経、腎臓、膀胱括約筋等の発達が深く関係しています。そのため、子ども一人ひとりの発達状況をきちんと把握しながら行うことが重要です。

　排尿の自立においては、歩行の開始が目安となります。これは、大脳皮質が発達してきたことを意味します。膀胱に尿がたまると信号を発して大脳皮質に伝え、「おしっこがしたい」という排泄欲求を自覚し、我慢したり、排泄したりする等のコントロールができるようになります。膀胱の大きさも、乳児では 40〜50ml、2〜3歳では 50〜100ml、4〜5歳児では 100〜150ml となり、ためられる尿の量も増えてきます。また、排尿の回数は個人差もありますが、1歳頃までは、15〜10回ほどあり、2〜3歳になると 9〜7回、4〜5歳では 6〜5回と徐々に減少していきます。

　トイレットトレーニングは、排尿間隔が 2時間以上あくようになれば開始の時期となります。おおよそ 2〜2歳半になると、予告できるようになるので、おむつからパンツ、便器へと移行していきます。しかし、排尿の自立は、個人差が非常に大きいので、一人ひとりの発達を踏まえて、無理のないように排泄経験を重ねていくことが大切です。おおよそ 3歳半にな

ると、長い時間我慢ができるようになり、一人でできるようになります。しかし、時に、過度な緊張や不安、体調不良、遊びに夢中になり、失敗する姿もみられます。このような子どもの姿を温かく見守りつつ、その原因を探り解決していくことが必要です。失敗を叱ることで、子どもが排泄に対して恐怖感を抱くようにもなり、かえって自立を遅らせることにもなりかねません。子どもの気持ちに寄り添い、褒めたり、喜んだり、失敗したら支えていくなど、成長を認めていくことが大切です。

　排便の自立については、生後6か月を過ぎる頃から、ウンチをするときに腹圧をかけて息む様子がみられ、1歳を過ぎて大脳皮質が発達してくると、直腸にウンチが溜まったことを自覚できるようになります。1歳半を過ぎると、ウンチの回数も安定しウンチをする前に知らせることができるようになり、おまるやトイレでできるようになりますが、我慢することはできません。3〜4歳になると、意識して我慢することができるようになりますが、まだ短時間であり、漏らしてしまうこともあります。完了期は5〜6歳で、便意を感じると自分でトイレに行き、ウンチをして、トイレットペーパーで拭き、それを流して手を洗って出てくるという一連の動作ができるようになります。しかしながら、このくらいの年齢になると、トイレに行くことに羞恥心を抱き、我慢をしてしまうこともあります。特に、排尿と排便をする便器が異なる男児のほうが、このような傾向にあります。

　このように排泄の習慣においては、子どもが排泄の欲求を自覚してトイレに行き、紙を使用して後始末ができるようになるために、衣服の着脱や手洗い、トイレの扉の開閉なども必要となることから、他の生活習慣の育ちとも大きく関連しています。また近年、腹圧をかけて息むことが難しく、足にも力が入らないような子どもの姿がみられるようになりました。体を伸び伸びと動かして運動遊びを行う機会の減少が、影響しているものと考えられます[14]。

　さらに、排便は、食事の摂取と密接な関係があり、食物が消化吸収される過程で便に変化し、直腸に溜まって内圧が一定以上になると直腸壁を刺

激し、その刺激が骨盤神経、脊髄を経て大脳に伝わり排便反射によって便
意をもよおします。

　近年、保育現場から、昼食後に排便をする子どもの姿が多くみられる
との声が多く聞かれます。しかし、保育中に便意を感じると、遊びや活動
に集中できないばかりか、排便をするためにあそびを中断することにもな
り、友だちとの関係を育む上でも影響を及ぼします。そのため、毎朝登園
前に排便の習慣をつけられるよう、朝食を摂取するようにしましょう。そ
うすることで、保育活動にも集中して取り組むことができます。

　このように排泄の習慣は、家庭での生活も大きく影響します。そのた
め、保護者との連携を図りながら、子どもの成長を見守っていきましょ
う 15)。

5. 衣服の着脱

　衣服を着たり、脱いだりすることができるということを、衣服の着脱の
自立といいます。衣服の着脱は、生理作用ではありませんが、自らの身辺
を清潔に保つための大切な生活習慣の一つです 16)。

　衣服の着脱は、一般的に脱衣の方が簡単に行えるため、脱衣の行動習慣
が先に形成され、着衣の方が後に形成されます。10か月〜1歳くらいに
なると、「着替え」を学習して動き始めるようになります。例えば、おむ
つ替えを行う際には、足や腰を浮かせたり、上衣を脱がせようとすると手
を挙げたりする姿が見られます。そのため、優しく温かな言葉がけが重要
になります。2歳〜3歳頃になると、少しずつ一人で着替えができるよう
になります。しかし、自分で着替えたいという気持ちがあっても、衣服の
前後、頭や足を通す先を正しく認識することは、まだ難しい時期です。ま
た、自己主張が強まる時期でもあるので、着替えを嫌がったり、衣服への
こだわりも見られるようになります。自分で衣服を選べるようにしたり、
衣服の着脱がしやすいものを選ぶ等、子どもの気持ちを尊重しながら、さ
らに「自分で着た」という成功体験を重ね、達成感がもてるようにしましょ

う。衣服の着脱が自立するのは、着衣・脱衣とも３歳６か月頃とされています。４歳を過ぎると、衣服の前後・左右・表裏・上下を確認して着られるようになります。また、高度な手先の発達が関与する小さなボタンやホックかけ等も徐々にできるようになってきます。そのような姿を大切に見守り、時に、甘えてくる子どもの姿を受け止めながら、子どもの成長を子どもと共に喜べるような温かなかかわりが必要です[17]。

　また、気温や体温によって衣服を調節することや、就寝時や運動時等での活動に応じた着替え、さらに衣服が汚れた場合の着替え等、保護者や保育者はその状況に応じて適切な援助を行うとともに、子ども自身でも気づけるよう生活・清潔習慣を整えていく必要があります。また、自分が脱いだ衣服をたたみ、片付けまでをきちんと行えるよう、子どもに手本を見せたり、子どもの様子に応じて丁寧にかかわり、自立への大切な習慣であることを伝えていきましょう。

　本来、人間が衣服を必要とした背景には、身体を保護することや、身体を清潔に保つこと、そして寒さや暑さの調整をすることなどが挙げられます。しかしながら、現代の生活環境は快適かつ安全なものとなったため、衣服はこのような役割としてだけではなく、装飾的服装として捉えられ、自己表現の１つとなりました。一方、衣服が関係する事故も起きています。子どもの意見や意思を大切にしながらも、子どもの安全性を考えて衣服を選びましょう[17]。

6. 清潔の習慣

　清潔の習慣には、手洗い、洗顔、うがい、口腔の衛生、洗髪、鼻水の処理、汗の始末、爪を切る、清潔な服を着る等が挙げられます。清潔の習慣は、病気の予防にもつながるなど、健康にも影響を及ぼします[18]。また、社会生活を円滑に過ごすためにも重要な習慣と言えます。しかし、これらの習慣は、自然と身につくものではないため、指導や援助をする必要があり、実体験も重要となります。

　2019年12月初旬に、新型コロナウイルス感染症（COVID-19）の第1例目の感染者が報告されてからわずか数か月ほどの間に、パンデミックと言われる世界的な流行となりました。そして、新型コロナウイルス感染症（COVID-19）の予防には、石鹸による手洗い、手指消毒用アルコールによる消毒、咳エチケット（マスクの着用）、できる限り混雑した場所を避けること等が有効であることが示されました。そのため、これまで以上に手洗いを意識して行うことや行動制限を行い、その結果、新型コロナウイルス感染症（COVID-19）のみならず、毎年流行するインフルエンザの感染者数も2020年冬から2021年春のシーズンにおいては、大幅に減少したとの報告がなされました。これらは、いかに清潔の習慣が大切であるかが実証された事例であると言えるでしょう[19]。

　しかし、このような事例が示された一方で、近年では、生活がより豊かに快適になったことや生活リズムの乱れが影響してか、水道の蛇口をひねることが困難であったり、うがいができなかったり、洗顔や歯磨きをせずに登園してくる子どもの姿を目にすることが珍しいことではなくなってきました。これまで、身辺を清潔に保つ習慣の多くは、家庭において形成されるものであると考えられていましたが、生活や社会構造の変化に伴い、保育所やその他の児童福祉施設、認定こども園、幼稚園等においても、清潔な習慣が身につくように指導や援助をしていく必要があります。このような状況を踏まえ、必要に応じて家庭への支援も行いながら、家庭と連携をし、子どもが清潔の習慣を身につけていけるよう、無理なくまた混乱をしないように一貫して行えるような配慮が重要です[20]。

文　献

1)　文部科学省・厚生労働省・内閣府・文部科学省・厚生労働省『幼稚園教育要領・保育所保育指針・幼保連携型認定こども園教育・保育要領』チャイルド本社　2018年　p.15, p.26, pp.75-82
2)　文部科学省「早寝早起き朝ごはん」国民運動の推進について
　　https://www.mext.go.jp/a_menu/shougai/asagohan/
3)　厚生労働省　保育所における食事のガイドライン

https://www.mhlw.go.jp/bunya/kodomo/pdf/shokujiguide1_1.pdf　平成 24 年 3 月
4)　厚生労働省雇用均等・児童家庭局保育課長　雇児保発第 0329001 号『楽しく食べる子どもに〜　保育所における食育に関する指針〜』(概要)
　　https://www.mhlw.go.jp/shingi/2007/06/dl/s0604-2k.pdf　平成 16 年 3 月 29 日
5)　農林水産省　第 4 節　就学前の子供における食育の推進　2 幼稚園における食育の推進
　　https://www.maff.go.jp/j/syokuiku/wpaper/h28/h28_h/book/part2/chap2/b2_c2_4_02.html
6)　文部科学省・厚生労働省・内閣府・文部科学省・厚生労働省『幼稚園教育要領・保育所保育指針・幼保連携型認定こども園教育・保育要領』チャイルド社　p.52　2018 年
7)　農林水産省 食品ロスの現状を知る　https://www.maff.go.jp/j/pr/aff/2010/spe1_01.html　2020 年
8)　前橋　明編著『乳幼児の健康　第 3 版』大学教育出版　pp.47-49　2018 年
9)　公益財団法人日本小児保健協会　東京日本小児保健協会　平成 12 年度幼児健康度調査報告書　http://www.aiiku.ac.jp/aiiku.jigyo/contents.kanren/kr0108/resurt_health.pdf
10)　社会福祉法人恩賜財団母子愛育会愛育研究所著『日本子ども資料年鑑 2016』 2 歳半の幼児を対象とする起床時刻と就寝時刻に関する調査　KTC 中央出版 2016 年
11)　前橋　明著『3 歳からの今どき「外遊び」育児』主婦の友社　pp.31-51　2015 年
12)　厚生労働省『保育所保育指針解説』p.42
13)　内閣府子ども・子育て本部『「令和元年教育・保育施設等における事故報告集計」の公表及び事故防止対策ついて』
　　https://www8.cao.go.jp/shoushi/shinseido/outline/pdf/r01-jiko_taisaku.pdf　2020 年
14)　前橋　明編著『乳幼児の健康　第 3 版』大学教育出版　2018 年
15)　民秋　言・種丸武臣　編著『保育内容　健康　[新版]』2015 年
16)　春日晃章編集代表『新時代の保育双書　保育内容健康』みらい　pp.54-55　2016 年
17)　谷田貝公昭監修『6 歳までのしつけと子どもの自立』合同出版　2007 年
18)　酒井幸子・松山洋平編著『保育内容　健康』朋文書林　p.47　2020 年
19)　NIID　国立感染症研究所
　　https://www.niid.go.jp/niid/ja/flu-m/flu-iasrtpc/10780-501t.html
20)　民秋言・種丸武臣　編著『保育内容　健康　[新版]』p.97　2015 年

（笹井美佐）

第 12 章　3〜5 歳児のあそび

　今日の日本では、子どもたちの体力低下や肥満増加といった健康問題[1]に加えて、運動不足によるケガや事故のリスク、身体活動量の減少[2]が懸念されています。特に、子どもたちの生活リズムの乱れが深刻な健康問題[3〜6]となっています。適切な運動とあそびの時間を取り入れることで、これらの問題を改善することができます。

1. 幼児期の健康づくりとしての運動とあそび

　幼児期の運動とあそびは、子どもたちの成長と発達において重要な役割を果たします。運動は、子どもたちの体力[7]や運動スキル[7]の向上に寄与し、基本的な動作やバランス感覚、空間認知能力を発達させることができます。適切な運動を通じて、体力が向上し、健康なからだを育むことが可能です。公園で遊ぶ、自転車に乗る、ボールで遊ぶ等、具体的な運動経験は、幼児期において重要です。また、幼児期は、感覚と神経系の発達が活発な時期であり、適切な刺激を与えることで、運動神経の発達を促します。

　一方、あそびは、子どもたちの創造力や社会性の発達を支援します。自由なあそびを通じて、自己表現や問題解決能力を培い、自主性や主体性を育むことができます。友だちとの交流や協力を通じて、社会的なスキルをも発達させることができます。ブロックで遊ぶ、お絵かきをする、人形あ

そびやままごとをする等、幼児期のあそびは、子どもたちの好奇心や探求心を刺激し、学びの基盤をつくる重要な役割を果たします。

　幼児期の運動とあそびは、子どもの成長と発達に多くのメリットをもたらします。適切な運動経験によって、子どもたちの体力が向上し、健康な生活習慣を身につけることができます。また、運動によって発達するバランス感覚や空間認知能力は、日常生活において重要な役割を果たします。同様に、自由なあそびを通じて培われる創造力や問題解決能力は、子どもたちが将来の課題に取り組む際に役立ちます。

2. 子どもたちの運動不足が引き起こす問題

　子どもたちの運動不足は、現代の社会で懸念される問題の1つです。特に、外でのあそび時間の減少[8, 9]やメディア利用時間の増加[10]により、子どもたちの身体活動量が減少しています。この運動不足が引き起こす問題のなかでも、空間認知能力と保護動作の未熟化が大きな問題です。

　空間認知能力[7]は、人が周囲の空間や物体との関係を認識し、適切な行動をとる能力を指します。適切な空間認知能力をもつことは、安全に活動するために不可欠です。しかし、運動不足により外での活動時間が減り、代わりにテレビやスマートフォン等のメディアの利用時間が増えると、子どもたちの空間認知能力の発達にネガティブな影響を与える可能性があります。外でのあそび（写真 12-1）や運動（写真 12-2）を通じて、子どもたちは様々な空間での自由な移動や物体との距離感を経験することができます。これによって、からだの位置や動きを正確に認識し、周囲の状況に応じて適切な行動をとる能力が養われます。

　また、運動不足は、保護動作の未熟化にもつながる可能性があります。保護動作[11]とは、転倒時や衝撃を受けた際に、自己を守るための反射的な動作や反応のことです。適切な保護動作を行うことで、ケガや事故を防ぐことができます。しかし、運動不足により、子どもたちの体力やからだの調整力が低下し、保護動作が不十分になる可能性があります。特に、乳幼

写真 12-1　移動あそび（空間認知能力）

写真 12-2　フープとび（空間認知能力）

写真 12-3　平均台くぐり（保護動作の
　　　　　獲得）

写真 12-4　手押し車（保護動作の獲得）

児期における寝返りやハイハイの経験不足の子どもは、転倒時に頭を守る
ための反射的な行動が制限されることがあります。適切な運動経験（写真
12-3、写真12-4）を通じて、子どもたちが保護動作を身につけることは、
ケガや事故のリスクを軽減するために重要です。

　子どもたちの運動不足は、空間認知能力と保護動作にネガティブな影響
を及ぼす可能性があります。そのため、適切な運動経験や多様な動きの機
会を提供することが重要です。子どもたちが外で遊び、からだを動かして
運動することで、様々な空間での自由な移動や距離感を経験し、空間認知
能力を発達させることが期待されます。また、保護動作を養うためには、
乳幼児期から適切な運動経験（写真12-5、写真12-6）を積み重ねる必要

写真 12-5　片足乗り降り（保護動作の　　写真 12-6　からだ揺らし（保護動作の
　　　　　　獲得）　　　　　　　　　　　　　　　　　獲得）

があります。

3. 幼児期における運動とあそびの多様性

　幼児期では、子どもたちが多様な運動とあそびを経験することが重要です。例えば、歩く（写真 12-7）ことや走る（写真 12-8）ことは、幼児期の基本的な運動です。これらの動作を通じて、子どもたちは、体力や基本的な運動能力を発達させることができます。また、バランスを保つ動き（写真 12-9）や敏捷な動き（写真 12-10）、巧みな動き（写真 12-11）も、幼児期に積極的に取り入れるべきです。これらの動きを通じて、子どもたちは、からだの制御や調整力を養い、運動スキルを向上させることができます。さらに、逆さになったり（写真 12-12）、転がったり（写真 12-13）、回ったり（写真 12-14）する動きも重要です。

　幼児期における適切な運動とあそびの経験は、子どもたちの健全な成長を促すために必要不可欠です。運動経験は、子どもたちが自信をもち、自己肯定感を高める手段でもあります。したがって、幼児期には、多様な運動とあそびの経験を積み重ねることが重要です。

写真 12-7　平均台歩き（平衡性）

写真 12-8　走りとび（瞬発力、リズム感）

写真 12-9　からだ支え（平衡性）

写真 12-10　オセロあそび（敏捷性）

写真 12-11　リズムあそび（巧緻性）

写真 12-12　逆さじゃんけん（逆さ感覚）

写真 12-13　ゆりかご（揺れる感覚）　　　写真 12-14　手つなぎ回り（回転感覚）

4. 子どもの成長と発達における保護者・保育者・教育者 の役割

　保護者や保育者、教育者は、子どもたちに多様な運動やあそびの機会を 提供し、子どもたちの成長と発達をサポートする役割を果たすべきです。 適度な運動とあそびの時間を確保することで、子どもたちは、健康なから だをつくりながら、創造性や社会性を発揮することができます。幼児期の 運動とあそびは、子どもたちの健全な成長において、不可欠な要素として 位置づけられます。

　保護者は、子どもたちに対して、適切な運動やあそびの環境を提供する ことが重要です。例えば、公園でのあそびや自転車に乗る機会を設けるこ とで、子どもたちは様々な空間で自由に動き回り、自己の身体能力を向上 させることができます。また、家庭内でもブロックあそびやお絵かき、ま まごと等のあそびを通じて、子どもたちの創造性や問題解決能力を育むこ とができます。保護者は、子どもたちの興味や好みに合わせて運動やあそ びを伝承したり、紹介したりすること、また、保護者は、子どものあそび に積極的に参加し、いっしょに遊ぶ（写真 12-15、写真 12-16）ことやサ ポートをすることで、子どもたちの成長を促すことができます。

　保育者や教育者は、幼児期の運動とあそびを教育・保育カリキュラムに 組み込むことが重要です。保育園や幼稚園、認定こども園などの教育・保

写真 12-15　押し合い（筋力、非移動系運動スキル）

写真 12-16　引っ張り合い（筋力、非移動系運動スキル）

写真 12-17　大根ぬきゲーム（筋力、調整力）

写真 12-18　縄むすび（協応性、巧緻性）

育施設では、子どもたちに多様な運動経験やあそびの機会を提供することが求められます。運動やあそびを通じて、子どもたちは、自己表現や協力、問題解決能力を培うことができます。保育者や教育者は、子どもたちの個々の発達段階や興味に合わせた運動プログラム（写真 12-17、写真 12-18）やあそびの工夫（写真 12-19、写真 12-20）を行い、子どもたちの成長を支援することが重要です。また、安全な環境を整えることやあそびのルールを守ることにも配慮しながら、子どもたちが適切な運動とあそびを楽しめるようにサポートする役割も担っています。

写真 12-19　影踏み（平衡系＋移動系　　写真 12-20　手つなぎバランス（平衡
　　　　　　運動スキル）　　　　　　　　　　　　　系、調整力）

文　献

1）　スポーツ庁：令和 4 年度全国体力・運動能力、運動習慣等調査結果，https://www.
　　mext.go.jp/sports/b_menu/toukei/kodomo/zencyo/1411922_00004.html（閲覧日：2023
　　年 9 月 19 日）.

2）　JSPO 日本スポーツ協会：子どもの身体活動の意義 1，https://www.japan-sports.
　　or.jp/Portals/0/data/supoken/doc/jspo-acp/jspo-acp_chapter1.pdf（閲覧日：2023 年 9
　　月 19 日）.

3）　松尾瑞穂・前橋　明：「沖縄県における幼児の健康福祉に関する研究」『運動・健康教
　　育研究 16（1）』pp.21-49，2008.

4）　前橋　明・泉　秀生：「大阪市における幼児の生活実態と課題」『幼少児健康教育研究
　　14（1）』pp.35-54，2008.

5）　前橋　明・泉　秀生：「保育園幼児の生活実態 2007 の考察」『幼少児健康教育研究 15
　　（1）』pp.21-31，2009.

6）　冬木春子・佐野千夏：「母親の就労が幼児の生活習慣に及ぼす影響」『日本家政学会誌
　　70（8）』pp.512-521，2019.

7）　前橋　明：『コンパス 幼児の体育』建帛社，pp.9-12，2017.

8）　梶木典子・瀬渡章子・田中智子：「都市部の子どもの遊び実態と保護者の意識」『日本
　　家政学会誌 32（9』pp.943-951，2002.

9）　満処絵里香・前橋　明：「新型コロナウイルス感染症状況下における幼児の生活と運
　　動習慣、および、その課題 ― 関西地区に居住する幼児の場合 ―」『レジャー・レクリ
　　エーション研究 93』pp.11-21，2021.

10）　内閣府：令和 4 年度 青少年のインターネット利用環境実態調査 調査結果（概要），
　　https://www8.cao.go.jp/youth/kankyou/internet_torikumi/tyousa/r04/net-jittai/pdf/

kekka_gaiyo.pdf（閲覧日：2023年9月19日）.

11)　前橋　明：障がい児の健康づくり支援，大学教育出版，pp.1-7，2023.

（野村卓哉）

第13章　親子体操のすすめ

　親子体操は、少しの時間と場所があれば、いつでもできるところが魅力です。もちろん特別な道具もいりませんし、お金をかけることもありません。親子でお互いの体重を貸し借りするだけで、親は子どもの成長を実感でき、子どもは親をひとり占めにできる、親子のきずなを深める最高のチャンスなのです。また、親子の絆を深めるだけでなく、子どもの運動能力や協調性、集中力を向上させる効果もあります。親子のコミュニケーションを促進し、子どもの自己肯定感や安心感を高めることもできます。保護者から子どもを預かる保育者にとって、親子体操を活用する場面は、少なくないでしょう。本章では、どこでも気軽にできる親子体操を紹介します。

ヘビさんタクシー

【育つ力】子ども：筋力、平衡性、平衡系運動スキル

　　　　　保護者：筋力、持久力、移動系運動スキル

【あそび方】①親は、うつ伏せになります。

　　　　　②子は、親の背中にまたがります。

　　　　　③子は、行きたい場所を言います。

　　　　　④親は、腕の力で行き先まで進みます。

【メモ】★親は、子どもがバランスをくずして転落しないか、子どもの様子

を見ながら進みましょう。

★慣れてきたら、直進だけで
なく、方向を変えたりして
みましょう。

★慣れてきたら、後ろ向きや
うつ伏せで乗る等して乗り
方も変えてみましょう。

通り抜けフープ

【育つ力】子ども：巧緻性、身体認識力、空間認知能力、平衡系運動スキル
　　　　保護者：筋力、身体認識力

【あそび方】①親は、手で輪をつくり
　　　　　　ます。

　　　　　②子は、親の輪にぶつか
　　　　　　らないように、上から
　　　　　　入ったり、下から入っ
　　　　　　たりします。

【メモ】★慣れてきたら、下から入っ
　　　　て外に出てみましょう。

★子どもの足が親の腕に引っ掛かって転倒しないよう、気をつけ
ましょう。

★子どもが引っ掛かったときを考え、親は手を組まずに、指先を
合わせるようにして輪を作りましょう。

振り子時計

【育つ力】子ども：筋力、筋持久力、身体認識力、非移動系運動スキル

　　　　　保護者：筋力、筋持久力、非移動系運動スキル

【あそび方】①親と子は、向かい合っ
　　　　　　　て立ちます。

　　　　　②子は、親の首に手を回
　　　　　　し、首を抱きます。

　　　　　③親は、子の脇の下から
　　　　　　手を回し軽く子どもの
　　　　　　からだにふれます。

　　　　　④親は、子をゆっくり首
　　　　　　で持ち上げて、子を左右に揺らします。

　　　　　⑤子どもが離れそうになったら、子どものからだを両手で支
　　　　　　えます。

【メモ】★親は、子の手が離れたときに後ろに転倒しないよう、子の脇や
　　　　　背中に手を添えておくとよいでしょう。

　　　　★親は、前傾姿勢になりすぎて、腰を痛めないようにしましょう。

　　　　★慣れてきたら、ゆっくり左右に揺らしてみましょう。

だるまさん

【育つ力】子ども：筋力、柔軟性、回転感覚、逆さ感覚、平衡系運動スキル

　　　　　保護者：筋力、巧緻性、回転感覚、逆さ感覚、平衡系運動スキル

【あそび方】①親は、足裏をつけて座ります。

　　　　　②子は、親の間に座ります。

　　　　　③親は、子の足を持ちながら横にゆらゆらしたり、後ろに転
　　　　　　がったりします。

【メモ】★親は、子を包みこむように
　　　　　からだを密着させましょ
　　　　　う。

　　　　★子の頭が、親のあごにぶつ
　　　　　からないよう、気をつけて
　　　　　ください。

　　　　★後ろに転がるときは、頭を
　　　　　打ちつけないよう、気をつ
　　　　　けましょう。

ロデオ

【育つ力】子ども：筋力、筋持久力、調整力、平衡系運動スキル
　　　　　保護者：筋力、持久力、非移動系運動スキル

【あそび方】①親は、両手を後ろに付
　　　　　　き、ひざを曲げて座り
　　　　　　ます。

　　　　　②子は、親の腹の上にま
　　　　　　たがって座り、服を持
　　　　　　ちます。

　　　　　③親は、お尻をゆっくり
　　　　　　上げます。

　　　　　④親は、子が落ちない程度に腰を上下・左右に動かします。

【メモ】★慣れてきたら、揺れを大きくしてみましょう。

　　　　★子が親の服をつかんでもはだけないように、シャツはズボンに
　　　　　入れましょう。

　　　　★子がバランスを崩して転落しないように、子どもの様子を見な
　　　　　がら行いましょう。

おいも転がし

【育つ力】子ども：筋力、協応性、巧緻性、操作系運動スキル（転がす側）

　　　　　保護者：筋力、調整力、回転感覚、移動系運動スキル（芋役）

【あそび方】①親子2人で目標地点を
　　　　　　　決めます。

　　　　　　②親は、手を頭の上に伸
　　　　　　　ばし、仰向けで寝ま
　　　　　　　す。

　　　　　　③子は、親を横方向に転
　　　　　　　がします。

　　　　　　④事前に決めた場所まで
　　　　　　　転がせたら、おいも転がし成功です。

【メモ】★親は、子を巻き込まないように、子どもの位置を絶えず確認し
　　　　　ながら、行いましょう。

　　　　★慣れてきたら、親と子が役割を交代してみましょう。

　　　　★子どもが、おいも役になるときはスピードも上がり、目が回る
　　　　　ことがあるので、子どもの様子を見ながら行いましょう。

大根抜き

【育つ力】子ども：筋力、筋持久力、非移動系運動スキル

　　　　　保護者：筋力、筋持久力、非移動系運動スキル

【あそび方】①親はうつ伏せになります。

　　　　　　②子は親の足首を持って引っ張ります。

　　　　　　③先に決めた位置まで引っ張ることができたら大根抜き成功
　　　　　　　です。

【メモ】★引っ張られても親の衣類がはだけないように気をつけましょう。

★慣れてきたら親は手でふん
　ばって負荷を強くしてみま
　しょう。
★引っ張った反動で後ろに転
　倒してもぶつからないよう
　に気をつけましょう。

ホットケーキ

【育つ力】子ども：筋力、筋持久力、非移動系運動スキル
　　　　　保護者：筋力、筋持久力、非移動系運動スキル

【あそび方】①親はうつ伏せで寝ます。
　　　　　　②スタートの合図で子は
　　　　　　　親を仰向けにひっくり
　　　　　　　返します。

　　　　　　③10秒間で返らなかっ
　　　　　　　たら焦げて食べられま
　　　　　　　せん。ひっくり返った
　　　　　　　らお腹を食べます（く
　　　　　　　すぐります）。

【メモ】★衣服がはだけないようにズボンにシャツは入れましょう。
　　　　★簡単に返せるようになったら、親が踏ん張り負荷を強くしてみ
　　　　　ましょう。

コアラ

【育つ力】子ども：筋力、筋持久力、非移動系運動スキル

　　　　　保護者：筋力、持久力、移動系運動スキル

【あそび方】①親は肩幅程度に脚を開
　　　　　　　いて立ちます。
　　　　　　②子は親の足にお尻がの
　　　　　　　るように座り、脚にし
　　　　　　　がみつきます。
　　　　　　③親は子を乗せたまま歩
　　　　　　　きます。

【メモ】★親のひざが子の顔にぶつか
　　　　　らないように気をつけましょう。

　　　　★子が脚に体を密着すると進みやすいでしょう。

　　　　★親は前に進むのが難しい場合は、後ろに足を滑らせるように進
　　　　　むとよいでしょう。

Ｖ字コマ

【育つ力】子ども：筋力、操作系運動スキル

　　　　　保護者：筋力、筋持久力、回転感覚、平衡系運動スキル

【あそび方】①親はＶ字になります。
　　　　　　②子は親の足を持ってお
　　　　　　　しりを軸に回します。

【メモ】★目が回らないよう、回転方
　　　　　向を変えながら行いましょ
　　　　　う。

　　　　★親のお尻が滑り回転しやす

い場所で行いましょう。

★周囲のものや人にぶつからないよう気をつけましょう。

コマ

【育つ力】子ども：筋力、筋持久力、回転感覚、平衡系運動スキル

　　　　保護者：筋力、操作系運動スキル

【あそび方】①子は背中をそって足を
　　　　　　持ちます。

　　　　　②親は子の太ももに手を
　　　　　　おきお腹を軸に回しま
　　　　　　す。

【メモ】★はじめはゆっくり回転させ
　　　　ましょう。

　　　　★子が顎を床に擦らないよう
　　　　様子を見ながらしましょう。

　　　　★服がはだけてお腹を擦らないようズボンにシャツを入れて行い
　　　　ましょう。

おんぶで床タッチ

【育つ力】子ども：筋力、筋持久力、非移動系運動スキル

　　　　保護者：筋力、持久力、移
　　　　　　　　動系運動スキル

【あそび方】①親は子をおんぶします。

　　　　　②子は親から落ちないよ
　　　　　　う床にタッチします。

　　　　　③親は子がタッチすると
　　　　　　きにひざや手を床につ

かないようにします。

【メモ】★はじめは親が手やひざをついて低い姿勢からやってみましょう。

★子が頭から転落しないよう様子を見ながら行いましょう。

★慣れてきたら時間を決めて何回タッチできるか挑戦しましょう。

バランスあそび　ひざ上バランス

【育つ力】子ども：筋力、持久力、平衡系運動スキル

　　　　保護者：筋力

【あそび方】①親はひざを曲げて座り
　　　　　　ます。

　　　　　　②子は親のひざにお尻り
　　　　　　がのるように座りま
　　　　　　す。

【メモ】★難しい場合は親が長座位の
　　　　状態から徐々にひざの角度
　　　　をつけるとよいでしょう。

　　　★子は慣れてきたら手を広げてみましょう。

　　　★慣れてきたら親はひざを動かしてみましょう。

バランスあそび　ジェット飛行機

【育つ力】子ども：筋力、持久力、支
　　　　　　持感覚、非移動系
　　　　　　運動スキル

　　　　保護者：筋力、持久力

【あそび方】①親は正座で座ります。

　　　　　　②子は親の前に立ち、片
　　　　　　足ずつ親の肩に脚を乗

　　　　せます。

　　　　③親は手を広げます。

【メモ】★足が顔の横にくるので、子は裸足で行いましょう。

　　　　★子は片足ずつ乗せましょう。

　　　　★子の様子を見て正座で高い場合は、あぐら等姿勢が低くなるよ
　　　　うに座りましょう。

バランスあそび　親子亀

【育つ力】子ども：筋力、平衡系運動スキル

　　　　保護者：筋力、操作系運動スキル

【あそび方】①親は肘とひざを床につけます。

　　　　②子は親の背中の上に乗
　　　　り、肘とひざをつけま
　　　　す。

　　　　③親は頭を上げたり下げ
　　　　たりします。

　　　　④子は滑り落ちないよう
　　　　にバランスをとりま
　　　　す。

【メモ】★親は背中が水平になるようにすると子が乗りやすいでしょう。

　　　　★親の死角になる部分が多いので、子の様子を伺うよう、言葉を
　　　　かけながら行うとよいでしょう。

　　　　★親は、滑りやすい衣類を身につけることは避けましょう。

バランスあそび　さぼてん

【育つ力】子ども：筋力、平衡系運動スキル

　　　　　保護者：筋力、筋持久力、非移動系運動スキル

【あそび方】①同じ方向を向いて立ちます。

　　　　　②親は子の脇の下に手を
　　　　　　入れて持ち上げます。

　　　　　③子は親の太ももに足を
　　　　　　乗せます。

　　　　　④親はひざを曲げて、手
　　　　　　で子を支えます

　　　　　⑤子は手を広げます。

【メモ】★滑らないように、裸足でするとよいでしょう。

　　　　★足を乗せるタイミングを合わせるために声をかけ合いましょう。

　　　　★親は立ち上がりが難しい場合は椅子に座った状態から立ち上が
　　　　　るとよいでしょう。

股下握手

【育つ力】子ども：筋力、逆さ感覚、平衡系運動スキル

　　　　　保護者：筋力、逆さ感覚、平衡系運動スキル

【あそび方】①親と子が背中を合わせ
　　　　　　て立ちます。

　　　　　②足を開いて股下から握
　　　　　　手します。

【メモ】★はじめは手をついて逆さに
　　　　　なることに慣れましょう。

　　　　★慣れてきたら握手しましょ

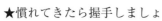

う。

　引っ張りあってしまうと、前に転倒する可能性があります。

★じゃんけんもしてみましょう。

ぺったん歩き

【育つ力】子ども：筋力、移動系運動スキル

　　　　　保護者：筋力、移動系運動スキル

【あそび方】①親子でおでこをつけます。

　　　　　②おでこが離れないよう歩きます。

　　　　　③他の部位でもチャレンジしましょう。

【メモ】★おでこで難しい場合は手や指先を合わせることからはじめてみ

　　　　ましょう。

　　　★慣れてきたら子が後ろに進む移動もしてみましょう。

　　　★親子でお尻や肩など、違う部位をつけてみるのもよいでしょう。

すわる・おんぶ・だっこ

【育つ力】子ども：筋力、持久力、移動系運動スキル

　　　　　保護者：筋力

【あそび方】①親は正座します。

　　　　　②親が「おんぶ」「抱っこ」「座る」のどれかの姿勢を子に言います。

　　　　　③子はすばやく言われた姿勢になります。

【メモ】★はじめはゆっくり行い、姿勢の確認をしながら行うとよいでしょう。

　　　　★慣れてきたら、子は姿勢をとるとき、足を床につかないようにする方法にも挑戦しましょう。

　　　　★慣れてきたら親が両手を広げると子の移動距離が長くなり、運動量も増えるでしょう。

親子カニ

【育つ力】子ども：筋力、持久力、移動系運動スキル

　　　　　保護者：筋力、持久力、移動系運動スキル

【あそび方】①親子でカニのポーズで向かい合って立ちます。

　　　　　②親は横に動きます。子は親の動きを真似て動きます。

【メモ】★足がもつれ転倒しやすいので、子の様子を見てスピードを調整

しましょう。

★慣れてきたら親は左右の移
　動だけでなく、しゃがんだ
　りジャンプしたりを混ぜて
　みましょう。

★親が子の真似をするバー
　ジョンでも挑戦しましょ
　う。

手つなぎ横転

【育つ力】子ども：筋力、回転感覚、移動系運動スキル
　　　　　保護者：筋力、回転感覚、移動系運動スキル

【あそび方】①親子でお互いの手首を
　　　　　　持ち寝ます。
　　　　　②回転する速さを合わ
　　　　　　せながら横に転がりま
　　　　　　す。

【メモ】★親は子に回転のスピードを
　　　　　合わせるようにしましょ
　　　　　う。

★慣れてきたら、子の足首を親が持つ方法でも挑戦しましょう。

★連続で行うと目が回るので回転の方向を変えましょう。

地蔵起こし

【育つ力】子ども：筋力、筋持久力、非移動系運動スキル

　　　　　保護者：筋力

【あそび方】①親はあぐらをかいて寝
　　　　　　　ます。

　　　　　　②子は親を起こします。

【メモ】★親は転がっても頭を打たな
　　　　　いように気をつけましょ
　　　　　う。

　　　　★簡単に起こせたら何度か繰
　　　　　り返してみましょう。

　　　　★倒れる方向も変化させてみましょう。

第14章　運動あそびにおける保育者の役割

　幼児期の運動あそびは情緒的、身体的、精神的、知的、社会的な発達を促します。したがって、子どもに、楽しく運動あそびの習慣を身につけてもらうことは、とても重要です。本章では、運動あそびにおける保育者の役割について学んでいきましょう。

1. 子どもが自らからだを動かす機会を用意することの必要性

　子どもの運動能力が低下している問題が指摘されてから久しいです。子どもの運動能力を高めるには、様々なあそびを通して、子どもが自ら進んで体を動かすようになることが大切です。幼稚園教育要領における領域「健康」の内容の取扱いには、「特に、十分に体を動かす気持ちよさを体験し、自ら体を動かそうとする意欲が育つようにすること」と明記されていることから、子どもが自らからだを楽しく動かす機会を用意することが重要であると分かります。しかし、幼児期における主体的な運動あそびは、心身の発育発達に極めて重要であるにも関わらず、すべての子どもが十分にからだを動かす機会に恵まれているとはいえない現状があります。ここでは、子どもが自らからだを動かす機会を用意する必要性について説明します。

（1）　活発にからだを動かすあそびの減少

　子どもたちを取り巻く環境の変化により、現代の子どものあそびは変化しています。ベネッセ教育総合研究所が実施した第6回幼児の生活アンケートによると、子どもたちが日頃よくするあそびの1位は「公園の遊具（滑り台、ブランコなど）を使ったあそび」、2位は「つみ木、ブロック」でした。2022年から調査項目が新たに追加されると、「ユーチューブを見る」が3位となりました。その他、「動画・録画を見る（ユーチューブ以外）」も40.6%を占めています（表14-1）。これらのことから、公園で遊ぶ機会は失われていないものの、あまりからだを動かさないあそびをする子どもも増加していることが分かります。

　また、生活が便利になったことで、移動のための歩行をはじめ、ドアの押し引きや蛇口をひねるなどの動きも少なくなり、子どもの生活全般において身体を動かす機会が減少しています。このような状況を踏まえ、幼稚園や保育所、認定こども園などでは子どもが自らからだを動かす機会を用意する必要があると考えられます。

表 14-1　子どもがよくするあそび（経年比較）（0歳6か月～6歳就学前の乳幼児）
(%)

遊びの種類	95年	00年	05年	10年	15年	22年
公園の遊具（すべり台、ブランコなど）を使ったあそび	66.0	68.4	76.1	78.3	80.1	85.8
つみ木、ブロック	54.9	56.0	62.8	68.0	68.5	66.4
ユーチューブを見る*						58.7
人形遊び、ままごとなどのごっこあそび	51.2	54.0	57.1	57.2	61.6	54.7
絵やマンガを描く	45.0	43.7	57.4	53.4	50.6	48.6
ボールを使ったあそび（サッカーや野球など）	35.0	33.1	46.7	46.8	46.5	47.6
ミニカー、プラモデルなど、おもちゃを使ったあそび	39.5	44.0	45.3	46.3	49.5	47.1
自転車、一輪車、三輪車などを使ったあそび	46.6	51.7	53.6	49.4	45.8	44.0
砂場などでのどろんこあそび	49.7	52.1	57.5	53.6	48.1	43.7
動画・録画を見る（ユーチューブ以外）*						40.6

注1）複数回答。回答のうち、上位10項目のみ
注2）「*」は2022年調査のみの項目。項目は2022年調査結果の降順に図示
出典：ベネッセ教育総合研究所第6回幼児の生活アンケート、2022

（2）　自発的な運動あそびの機会の減少

　子どものあそびは自発的な活動ということを前提としています。単に身体を動かす機会を与えればよいのではなく、子どもが興味を持って自らあそびに関われることが重要です。2022年に習い事をしている子どもの割合は図14-1に示したように、年齢が上がるにつれて比率が増加する傾向にあります。習い事ランキングの1位はスイミングで、その次は通信教育、体操、英語などの語学の順でした。スイミング、体操などの習い事へ通うことでからだを動かすことはできますが、一斉指導あるいは個別指導を受けているので、自発的な遊びにつながらない可能性があります。

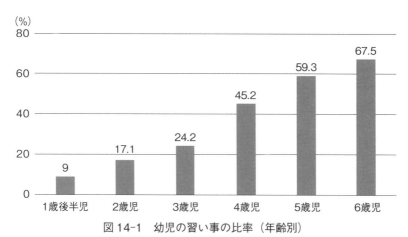

図 14-1　幼児の習い事の比率（年齢別）

出典：ベネッセ教育総合研究所 第6回幼児の生活アンケート（2022）より著者作成

（3）　異年齢児と遊ぶ機会の減少

　子どもは、多くの友だちと関わりながら遊ぶことを通して、ルールを守り、自我を抑制し、コミュニケーションをとり合いながら協調・協働する必要があることを学んでいきます。ベネッセ教育研究所が実施した第6回幼児の生活アンケートによると、1995年からの27年間、子どもが園以外で「友だち」や「兄弟」と一緒に遊ぶ機会が減少し続けていることが分かります（図14-2）。

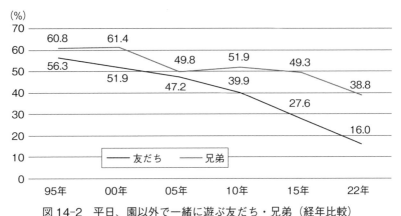

図14-2　平日、園以外で一緒に遊ぶ友だち・兄弟（経年比較）
出典：ベネッセ教育総合研究所 第6回幼児の生活アンケート（2022）より著者作成

　子どもにとって友だちや兄弟のような異年齢の子どもと一緒に遊ぶ機会が減少することは、からだを動かす機会が減少するだけではなく、心の発達にも重大な影響を及ぼすことになりかねません。このような状況を踏まえると、幼稚園や保育所、認定こども園などでは、異年齢の子どもたちが協力し合って主体的にからだを動かしたくなるような機会を用意することが大切であると言えます。

（4）　身体の操作が未熟な子どもの増加

　幼児期は運動コントロール能力が高まる時期です。運動コントロール能力が十分に獲得できていない子どもの身体の操作は未熟です。5歳になっても、走るときにつま先を地面にこすり、足を引っかけて転んでしまう子ども、まっすぐに走れない子どもなど、身体の操作が未熟な子どもが増加しているという保育現場の声が聞かれます。

　身体の操作が未熟な子どもは安全に関する危険回避能力も十分に発達していないので、けがをする可能性が高くなります。子どもの運動コントロール能力を高め、身体をうまく操作することができるようになるために、保育者は子どもが自らからだを動かす機会を用意する必要がありま

す。

2.　子どもが自らからだを動かす機会を用意するための工夫

　子どもが自らからだを動かすために、遊びたくなるようなきっかけづくりや、あそびをおもしろくする仕掛けとなるものが必要になります。幼児期は意欲を持って、積極的に周囲の環境と関わることにより運動能力や知的能力、社会性などの発達が促されていく時期です。幼稚園教育要領では、「幼児の主体的な活動が確保されるよう幼児一人ひとりの行動の理解と予想に基づき、計画的に環境を構成しなければならない」と明記され、幼保連携型認定こども園教育・保育要領にも同様の内容が示されています。保育所保育指針においては「保育の環境」について、「子ども自らが環境に関わり、自発的に活動し、様々な経験を積んでいくことができるように配慮する」と明記されています。いずれも子どもが環境との関わりの中で主体的な活動を行うことが目標となっています。心の動きが身体の動きとなり、体の動きがまた心を揺り動かすというように、心と身体は常に連動しています。子どもは興味関心を持ったものに生き生きと関わります。ここでは、子どもがあそびに興味をもって自らからだを動かしたくなるような工夫について説明します。

（1）　登園や移動時間に思わずからだを動かしたくなる工夫
　保育者は子どもが自然にからだを動かしたくなるような環境を設定するために、「何をどのように置いておけば、子どもたちが興味を持つだろうか」「何を使えば子どもたちのあそびが深まるだろうか」などを考慮し、遊びたくなる遊具や道具、使いやすく整理された空間など様々な工夫をする必要があります。
　登園の際、園庭から保育室までの道にカラーラバーリングなどを置いたり、室内の廊下にテープを貼ったりする環境を設定すると、子どもたちは思わずケンパをしたくなります（写真14-1）。また、保育室の入口にふれ

あいサイコロを用意します。サイコロを投げた子どもは、出た目に応じた
ふれあいあそびを親といっしょに行いたくなるでしょう（写真14-2）。こ
のように保育者が子どもを導くような環境を設定することで、子どもたち
の意欲が引き出され、自ら挑戦する姿がみられるようになります。

写真 14-1　園庭から保育室までの工夫

写真 14-2　保育室の入口の工夫

　保育室から園庭へ移動する際に、キリンやペンギンなどの動物になり
きって歩くようにすると、普通に歩くより楽しくなり、よりからだを動か
すことにつながります。同様に、散歩など様々な移動のシーンで動物歩き
などのあそびを取り入れる工夫をすることで、子どもたちの楽しい気持ち
がふくらみ、思わずからだを動かしたりします。

（2）　日常生活の中で自らからだを動かしたくなる工夫

　運動あそびの時間だけをからだを動かす機会と捉えるのではなく、普段
の生活の中でもからだを動かしたくなるような工夫ができます。例えば、
床に雑巾がけをするときに、一斉に並んで誰が早く拭けるかを競争すると
いうあそびの要素を取り入れることで、子どもたちが自らからだを動かす
ようになるでしょう。

　その他に、運動あそびの準備や片付けの時間にも子どもがからだを動か
す機会があります。保育者が遊具を出し入れしやすい環境を事前に整える
ことで、子どもたちは自ら友だちと協力して遊具を運んだり、組み立てた
りするようになり、自然とからだを動かします。また、子どもたち自身が

遊具を準備することで、自らやりたくなるようなあそびの仕掛けをつくることもできます。

（3）　保育者として心がけることや援助の工夫

　保育者が環境を整備しても、「できないからやらない」「面白いと思わないからやらない」などと活動しようと思わない子どももいます。そのような子どもがやってみたくなるように配慮や援助の仕方を工夫することが大切です。例えば、跳び箱を跳んでみたいという興味を示していても、恐怖心や自分にできるだろうかという不安から取り組むことをためらっている子どもがいるとします。このときに自分を守ってくれていると感じられる保育者のまなざしや励ましの言葉によって、子どもは活動を始めることがあります。

　保育者が子どもの興味や関心を理解し、誘いかけたり、モデルとなったり、ヒントを与えたり、仲間となって一緒に遊んだり、ときには見守ったり待ったりといった援助をすることで、子どもが自らからだを動かしたくなるきっかけになります。

3.　戸外に興味や関心が向くような環境構成

　園庭や園外の公園・広場などは子どもたちが戸外で遊ぶことができる場所です。現代の子どもにとって、園庭は最も身近な戸外のあそび場です。子どもたちが走り回ったりできる広さの園庭であれば、固定遊具、大きな木、小さな畑などがあるでしょう。また、築山・小川・草原・植え込み・小道など小さな森のような園庭をつくっている園もあります。狭い園庭でも草木を植えたり、花壇を設置したりしています。園によって園庭は様々です。それぞれの園庭には、教育的な配慮の下に子どもが友だちと関わって活動を展開するために必要な遊具や用具、素材があり、動植物などの生き物、その園特有の自然環境などがあります。

　一般に子どもは意欲的に活動する存在であり、魅力的な環境と出会えば

生き生きとそれに関わります。近年、子どもが戸外で遊ぶ経験が不足していることから、戸外でのあそびの面白さに気づかないまま、室内のあそびに偏りがちな子どもも少なくありません。戸外遊びの経験が乏しい現代の子どもの興味や関心が自然な形で戸外に向けられるようにし、子どもが進んで戸外の活動を楽しむようにしていくことが大切です。領域「健康」の内容には「（3）進んで戸外で遊ぶ」とあります。内容の取扱いには、「（3）自然の中で伸び伸びとからだを動かして遊ぶことにより、体の諸機能の発達が促されることに留意し、幼児の興味や関心が戸外にも向くようにすること。その際、幼児の動線に配慮した園庭や遊具の配置などを工夫すること」と示されています。しかし、年間を通して遊具が同じ位置、同じ置き方で配置され、空間やあそび環境が固定的になっている園があります。ここでは、子どもの興味や関心が戸外に向くような環境構成を説明します。

（1）子どもの興味や関心に応じた環境

　子どもたちの興味や関心を戸外に向けるために、戸外でからだを動かすことの喜びを実感できる体験が必要です。子どもの年齢が低ければ低いほど、保育者とのかかわりを中心とした生活になるので、子どもが戸外に目を向けて活動するための第一歩として、まずは保育者が子どもたちの戸外への興味を引き出すことが大切です。保育者は子どもがいま何に興味を持っていて、どんなことに自発的に取り組んでいるかなどを日頃から観察し把握するようにします。子どもたちの興味や関心に応じたものになるように環境を構成すると、子どもたちの好奇心が刺激され、「なんだろう？」「やってみたい！」と、自らがその環境に関わりたくなります。保育者が魅力のある環境を構成することで、その環境に身を置いた子どもが、好奇心をかき立てられ、からだを動かしたくなります。

　子どもの興味や関心は次つぎと変化し、あるいは発展していくことがあります。保育者は子どもたちが展開するあそびに即した環境を子どもとともに再構成することが大切です。例えば、水を使った砂あそびに興味を持つ子どもが増えた場合は、ただ子どもが普段使う道具などを用意すればよ

いのではなく、あそびの展開に必要な道具を追加したり、子どもたちの人数に応じて道具の数を調節したりすることを心がけて環境を構成します。

（2）　子どもの動線に配慮した園庭の環境

　明るくひろびろとした戸外では、子どもたちは活動的な気分になりやすいものです。自然の中で伸び伸びとからだを動かして遊ぶなど、子どもの興味や関心が戸外にも向くよう、子どもたちの動線に配慮した園庭や遊具の配置を工夫することが重要です。

　多くの園では園庭に、鉄棒、うんてい、すべり台、砂場などのような固定的に設置されている固定遊具と、三輪車、ボール、なわ、跳び箱、平均台などのような持ち運びが可能な移動遊具があります。園庭では多様な環境を整えるために移動遊具が多く用いられています。子どもが戸外での活動に関心を向けるために、子どもたちの活動を予測したうえで、移動遊具の置き場所や置き方、置く遊具の間隔などを工夫した環境、移動遊具と固定遊具を組み合わせる工夫をした環境を構成することが求められます。

　また、環境を構成する際に子どもたちの自然な活動の流れに合わせて、空間のあり方やそれに応じた遊具の見直しを考えなければなりません。保育者は遊びの環境を設定して、「さあ、遊びましょう」というだけではなく、子どもたちが遊んでいる様子を見ながら、遊具の組み合わせを変えたり、子どもが遊んでいる様子からイメージに応じた環境を整えたりします。保育者は子どもたちの動きを予測し、子どもたちの活動の流れに即して、遊具や用具を多様化させたり、変化させたりすることが求められます。つまり、常に子どもたちの動線に応じて適切なあそび環境を再構成することが必要です。

（3）　季節や天気に応じた環境

　戸外で、その日の気温や風を感じることは、子どもたちの心を豊かにし、明るい気分をもたらしてくれます。しかし、暑かったり寒かったり雨が降ったりする日もあります。夏場の強い日差しの中でも子どもたちが園

庭で楽しく遊ぶことができるように、紫外線対策として、園庭に木を植えたり、遮光ネットを活用したりします。また、地表の温度上昇を抑制するため、園庭に散水するなどの工夫もあります。他にも、夏ならではの代表的なあそびであるプールあそびや水あそびなどの環境を整えることで、子どもたちが暑い日でも思いきり戸外でからだを動かす体験ができます。

　雨上がりの園庭には水たまりがあったり、土がぬかるんだ場所があったり、カタツムリが出て来たりします。裸足になって園庭を散歩することで、子どもは「ここの水たまり冷たい！」「なんかぐにゃぐにゃするー」と普段感じることのない感覚を味わうことができます。ただし、雨上がりの日には、固定遊具が濡れていて、手足が滑りやすいので、遊ぶ前にタオルで遊具の水滴を拭きとるなどして環境を整え、雨上がりの日だからこそ体験できる環境を活用し、子どもの戸外あそびへの興味や関心を引き出します。

　戸外では、子どもの好奇心や探究心をかき立てる自然環境に触れたり、思いがけない出来事と出会ったりすることで、子どもたちは知らず知らずのうちにからだを動かすようになります。

（4）　異年齢児がいっしょに遊べるように配慮した環境

　園庭は異年齢の子どもたちが同じ場所で活動したり、交流したりする場です。園庭では年下の子どもは、年上の子どもが遊んでいる様子からたくさんの刺激を受け、戸外あそびの面白さを見いだし、自ら進んで戸外あそびをしたくなります。また、年上の子どもは年下の子どもから慕われることによってますます自信を持てるようになります。園庭という空間の中で子ども同士が刺激し合うことで戸外あそびがより楽しくなるでしょう。

　子どもが異年齢の友だちと一緒に戸外あそびの楽しさを味わうために、保育者は園庭で異年齢でも楽しむことができるあそびのコーナーを設けることが必要です。また、年齢によって子どもの運動能力には差があるので、運動能力に応じたコーナーも設けるようにします。そうすることにより、子どもたちは自分が興味のあることを見つけやすくなります。また、

狭い園庭であっても、子どもたちが遊ぶときに十分に身体を動かすことができるよう、保育者間で連携して計画的に園庭を使用し、子どもたちが満足感を得られる環境を構成することが必要があります。

（5）　戸外に興味や関心が向くような園外の環境

　子どもたちが戸外に興味や関心を持つために、園庭ばかりではなく、近隣の公園や広場など自然環境の豊かな場所に出掛ける機会を設けることが重要です。園外では子どもの五感が刺激され、自然環境でしか体験することができないからだの動かし方があります。例えば、公園のアスレチック遊具への挑戦、広い芝生の広場で思いきり走る、転がるなど、園ではできないようなダイナミックなあそびの経験ができます。また、公園でドングリや落ち葉などを拾いながら歩き回る等、自然や季節を感じるあそびを体験することもできます。

　園外での楽しい体験は子どもが戸外に興味や関心を向けるきっかけになります。子どもが戸外あそびの楽しさを十分に体験できるように、安全に配慮したうえで恵まれた園外の自然環境を活用すべきです。そのために、保育者は子どもたちの興味や関心に応じて、日常的な活動である「散歩」や行事としての「遠足」などの園外保育を計画的に取り入れましょう。

文　　献

1)　内閣府・文部科学省・厚生労働省：『幼保連携型認定こども園教育・保育要領』2017.
2)　ベネッセ教育総合研究所：第6回幼児の生活アンケート，
　　https://berd.benesse.jp/up_images/research/YOJI_all_P01_65_6.pdf(2023.11.30 確認).
3)　文部科学省幼児期運動指針策定委員会：『幼児期運動指針ガイドブック 毎日、楽しく体を動かすために』サンライフ企画，2013.
4)　スポーツ庁：『幼児期の運動に関する指導参考資料ガイドブック第2集』2008.
5)　文部科学省：『幼稚園教育要領解説』2018.
6)　文部科学省大臣官房文教施設企画部：幼稚園施設整備指針，
　　https://www.mext.go.jp/content/1402617_001_100005254.pdf （2023.11.30 確認).

（範　　衍麗）

第 15 章　運動あそびへの意欲づくり

　幼児期の運動あそびは、子どもの健やかな育ちに欠かすことができません。保育現場において、保育者は、子どもたちが楽しく運動あそびを行えるように努めなくてはなりません。この章では、子どもの運動あそびへの意欲づくりについて考えていきましょう。

1.　2種類の動機づけ（モチベーション）

　ここでは子どもの運動あそびへの意欲づくりについて考えることにします。その手がかりとして「内発的動機づけ」というキーワードを知っておくと考えるヒントになるでしょう。

　人間の行動を引き起こす「動機づけ」（モチベーション）を大まかに2種類に分けて考えたのが「外発的動機づけ」と「内発的動機づけ」です。

　「外発的動機づけ」とは、外的な報酬を得るために行動しており、その行動自体が報酬とならない場合を指します。一方「内発的動機づけ」とは、外的な報酬を得るためではなく、その行動自体が報酬となっている場合を指します。

　例を挙げてみます。テストで良い点数が取れればゲームを買ってもらえると約束されて勉強を頑張る子どもは「外発的動機づけ」によって行動していると言えます。

　一方、興味のある科目の勉強を楽しんでいる子どもは「内発的動

機づけ」によって行動していると言えます。同じ勉強をするという行動でも、動機づけの種類が異なっているのです。

　皆さんも自分自身のことを振り返ってみてください。好きなことや興味のあることは自分から進んで取り組めるけれども、それに比べて興味のないことに対しては行動する意欲が出ないといったことがあるでしょう。

　興味のないことでもやらなければいけないことであれば、「この宿題を終わらせたら日曜日は好きな映画を見よう」「大変な練習の後には自分にご褒美のスイーツだ！」といった「外発的動機づけ」をうまく使って自分のモチベーションを上げている人もいるかもしれません。

　もちろん、人間の行動を2種類だけの要因で説明することはできません。人間の心や行動はとても複雑です。しかし、もし「内発的動機づけ」を育むことができるのであれば、もっといきいきと生活できるようになるのかもしれません。

2. 生まれもった内発的動機づけ

　「内発的動機づけ」についてもう少し考えてみましょう。好きなことや興味のあることを自分から進んで取り組むモチベーションというのは、どこから私たちの心に生まれてきたのでしょうか。その発達についてみてみます。

　乳幼児がもっている環境や物事への積極性のことを「マスタリーモチベーション」と呼びます。例えば、乳幼児に見慣れない物を見せた時には、見慣れた物を見せた時よりも注視している時間が長くなります。つまり赤ちゃんは新しい物へ興味をもっているのです。これは好奇心の芽生えとも言えます。そして、少しからだを動かせるようになると探索行動が始まります。

　また、乳幼児には「環境と効果的に相互交渉する能力」（コンピテンス）がすでに備わっており、環境に自分から働きかけて自らの「有能さ」を確かめようとする動機づけがはたらいていると考えられています。例えば、

赤ちゃんが近くにあるぬいぐるみに繰り返し手を当ててその感触を楽しむことがあります。この行動には「自分が手を当てるとぬいぐるみが動く」ことを何度も確かめて、自分の「有能さ」を確かめる意味があると考えられるのです。

かつて、乳幼児は無力な存在であるとばかり考えられていました。しかし、研究が進むにつれて、より積極的に自分から環境に働きかけていることがわかってきました。このように乳幼児の頃から備わっている傾向が、成長とともにより複雑に相互に関係し合って発達していくことで、「内発的動機づけ」が育っていくと考えられるのです。

3. 幼児期のあそびと内発的動機づけ

乳幼児期から幼児期へと成長し、行動範囲も生活環境も広がっていきます。その中で子どもは様々なあそびを通して心身を豊かにしていきます。

そもそも、乳幼児から備わっていた動機づけの萌芽は、遊ぶことの原動力にもなっています。したがって、あそびを通して「内発的動機づけ」を育むというのはとても自然なことなのです。そして「内発的動機づけ」を育むことは、子どもが主体的に物事に取り組む力を高めることへもつながると期待されるのです。

4. 内発的動機づけの特性①

ここで「内発的動機づけ」がもっている不思議な特性を紹介します。これらの特性を知っておくことは、子どもたちへの関わりのヒントになると思われるからです。

レッパーらによる、3歳から5歳の絵を描くのが好きな園児を対象とした実験があります。まず園児を3つのグループに分けます。

○ A グループ：良い絵には優秀賞として賞状が与えられると約束し、実

際に与える。

○Bグループ：最初に約束はしませんでしたが、良い絵を描いた子に優
　秀賞を与える。

○Cグループ：そうした約束もせず、何の賞も与えない。

　この実験の1〜2週間後に、通常保育の自由あそび（絵を描くことのほ
かに魅力的な遊びを用意して園児に自由に選ばせた）の時間の中で、絵を
描く時間を測定したのです。

　さて、結果はどうなったでしょうか？　驚くべきことに、Aグループの
園児の絵を描く時間は、B・Cグループの園児に比べて短くなってしまっ
たのです。

　元々絵を描くことが好きだった園児にどうして差が生まれてしまったの
でしょうか？　実は、絵を描くことが好きという「内発的動機づけ」が、
「賞状をもらえる」という「外発的動機づけ」が与えられることによって
阻害（アンダーマイン）されたせいだったのです。これを「アンダーマイ
ニング効果」と言います。

　園児の心の動きを想像してみましょう。元々絵を描くのは好きで楽しく
てやっていたのです。誰かから褒められるためなどと考えてもいませんで
した。そこに、優秀賞が作られたのです。優秀賞が欲しくなりました。頑
張って良い絵を描こうとしました。さてその日から時間が経ちました。自
由にあそびを選べるようになりましたが、もう優秀賞はありません。絵を
描いても賞はもらえません…。

　皆さんもご自身のこととして想像してみてください。自分から勉強をし
ようと決めて机に向かおうとした時に、「早く勉強しなさい」と言われた
らどうでしょうか？　せっかくやる気が出そうになっていたのに気持ちが
くじかれてしまうように気がするのではないでしょうか。

　もちろん中にはアンダーマインされない人もいるかもしれません。しか
しこの結果は他に多くの研究がされており、多くの人でこの効果は現れる

ようです。

5. 内発的動機づけの特性②

　先ほどは「外発的動機づけ」が「内発的動機づけ」を阻害するという不思議な関係を紹介しました。もう一つ、今度は「内発的動機づけ」が心の中で促進されるのに必要な要素について紹介します。

　まず「自律性」というキーワードです。これは、様々な選択肢の中から自分で選んで決めたのだという自己決定感を得ることと言えます。

　園児の例でいえば、自由あそびの中で絵を描くことを自分で選ぶことです。優秀賞が貰えるから絵を描くというのは、他の人にやらされている感覚を増やし、自分の行動を自分で決める感覚が少なくなるのでしょう。

　あるいはこういう例も考えられます。進路や職業選択の時に、他の人から「この学校があなたに一番合っているから」「この職業にしなさい」と強引に決められてしまったらその人はどう感じるでしょうか。もちろん自分で選んだ結果と同じであれば納得できるかもしれません。しかし、自分で選んだ道と異なっていたならば、自己決定感は少なくなるでしょう。

　次に「有能感」というキーワードです。自らが期待した結果を、自分が行動したことによって導くことができる感覚と言えます。

　園児の例でいえば、Aグループの優秀賞をもらえた子どもにとっては有能感があったでしょうが、もらえなかった子どもにとっては、期待した結果（優秀賞）を行動（絵を描くこと）によって導くことができなかったため、有能感を低下させたと考えられます。Cグループの子どもにとっては、絵を描くことは楽しみですので、期待した結果（好きな絵を描く・楽しい）を行動（絵を描くこと）によって導くことができたと言えるでしょう。

　最後に「関係性」というキーワードです。これは、他者や社会とつながっていたい・関わっていたいという欲求と言えます。デシは、これまでみてきた内発的─外発的動機づけを中心とした研究から出発して、自己

決定理論を提唱しました。この中では、「自律性」「有能感」「関係性」の３つの欲求が充足されることによりウェルビーングにつながると説明されています。

　園児の例では直接には表れていませんが、これは「内発的動機づけ」がない状態で、「外発的動機づけ」から「内発的動機づけ」へと変化して内在化され、維持される時に関係しているためです。

　例えば、「困った人がいたら自分のできる範囲で手助けしよう」という動機づけはどのようにして子どもの心の中に定着するのでしょうか。子どもの頃に、親や保育者・先生など、自分にとって重要な他者が、多くの時間とエネルギーを注いで関わることにより、その重要な他者の価値観を自分も取り入れたい、つながっていたいと感じて、心の中に取り入れられるものと考えられるのです。

6. アンダーマイニングされない報酬

　「内発的動機づけ」の特性をいくつか紹介してきました。「内発的動機づけ」は、「自律性」「有能感」「関係性」によって内在化されていくようです。このことから「アンダーマイニング効果」がなぜ起こるのか説明できるかもしれません。

　「外発的動機づけ」は、優秀賞という目標を外から設定することによって子どもの自己決定感を阻害しました。また、優秀賞を貰えない多くの子どもにとっては「有能感」も阻害したと言えるのです。

　ここから実は、「自律性」「有能感」を阻害しない「報酬」のあり方も考えられるのです。それは言葉による励ましです。「とてもよくやってるね！」「難しいけど最後まで頑張ったね」などの言葉は、その人の「自律性」や「有能感」を維持・高めます。よって、外側からの働きかけであっても十分に「内発的動機づけ」を維持・強めることにつながるのです。

7.「内発的動機づけ」の観点を取り入れた運動あそびへの意欲づくり

　さて、ここまで「内発的動機づけ」の特性について学んできました。実際に子どもの意欲づくりに応用してみましょう。

　例えば、鬼ごっこの場面を考えてみましょう。子どもにとって、自分のからだをめいっぱい動かして鬼から逃げ切るというスリルや、逃げ切れたという達成感を味わえるとても楽しい運動あそびです。また鬼役になるのは嫌だけれども、頑張って次の人にタッチすれば大丈夫というルールはシンプルで安全なものです。年少から児童まで幅広い年代で取り入れることができます。

　鬼ごっこの経験の少ない子どもに対して、逃げる役をするときにどういった言葉がけをするとよいでしょうか。

　子どもが逃げ道のない狭い場所にばかり行ってしまうためにすぐに鬼役に捕まってしまうことがあります。そんな時には、「遠くに逃げた方がいいよ」と直接逃げ方を教えるという方法もあるかもしれません。

　しかし、子どもの「自律性」を大事にするならば、「鬼に追いつかれないためにはどうする？」と声をかけて、考えながら逃げることを促すとよいかもしれません。良い考えがすぐに浮かばないようであっても、すぐに答えを教えてあげるのではなく、「お庭の中で一番追いつかれなさそうな所はどこかな？」など、なるべくヒントを与えて自分で考えられるように促すことが大切です。自分で考えて自分で決めた結果が手応えのあるものであったという感覚が得られるとよいでしょう。

　また、先ほど述べたように、「とってもうまく逃げられたね」「あんなに遠くまで走れてすごい！」などの励ましの言葉をかけることは「アンダーマイニング効果」を起こさないで子どもを力づけることができるでしょう。

　最後に、子どもたちが特定の1人の子だけをターゲットにして鬼にして楽しむような場面があるかもしれません。その子どもにとっては、頑張っ

て逃げているのにいつも鬼になってしまう理不尽さや無力感を味わってしまい、鬼ごっこで遊びたくないという気持ちになるでしょう。

　そうならないように、鬼ごっこのルールを改めて伝えることなど保育者が積極的に関わっていくことも必要でしょう。このことは、一見すると子どもの「自律性」を損なうのではないかとも思われますが、そうではありません。「関係性」というキーワードと合わせて考えてみましょう。

　自分で自分の行動を決められる・選択できるという感覚は、その決定や選択を尊重し認めてくれる他者とのつながりがあって支えられるのです。他者に認めてもらいたい・認めてもらえているという感覚です。他者とは子ども同士や保育者です。一方的に鬼にされてしまう子どもや、それを目の当たりにしている他の子どもたちにとって、遊ぶ場は「自律性」「有能感」を認め合える場所になっているでしょうか？

　子ども同士が安全・安心に遊ぶことができる環境を保育者が守ることによって、「自律性」や「有能感」といった芽が育まれていくのです。

文　献

1）　中島義明：『心理学辞典』有斐閣，1999.
2）　田島信元・岩立志津夫・長崎勤：『新・発達心理学ハンドブック HANDBOOK OF DEVELOPMENTAL PSYC HOLOGY』福村出版，2016.
3）　上淵　寿：『動機づけ研究の最前線』北大路書房，2004.
4）　Lepper, M. R., Greene, D., & Nisbett, R. E. (1973). Undermining children's intrinsic interest with extrinsic reward: A test of the "overjustification" hypothesis. Journal of Personality and Social Psychology, 28 (1).
5）　フィリップ・J・コー編　中村菜々子・古谷嘉一　監訳：『パーソナリティと個人差の心理学・再入門ブレークスルーを生んだ14の研究』新曜社，2021.
6）　宮本美沙子：『新・児童心理学講座 第7巻 情緒と動機づけの発達』金子書房，1991.
7）　氏家達夫・遠藤利彦：『社会・文化に生きる人間 発達科学ハンドブック第5巻』新曜社，2012.
8）　Ryan, R. M. et Deci, E. L. (2017). Self-determination theory. Basic psychological needs in motivation, development and wellness. New York, : Guilford Press.
9）　市川伸一：『学習と教育の心理学 現代心理学入門3』岩波書店，1995.

（門倉雄一郎）

第 16 章　行事と自然体験

　少子化、都市化、情報化、温暖化、核家族化…など、子どもたちを取り巻く環境は変化しています。一方で日本には四季があり、古くから続く多様な文化・行事が存在します。子どもの頃に自然と関わることは、心身の発達に必要不可欠です。どのような機会にどのような場所でどのようなあそびができるのか、またその時に気を付けなければならないことを考察しました。

1．自然あそびの重要性

　本編では、自然と関わりながら行うあそびの内容およびその重要性を述べていきます。

　幼稚園教育要領[1] において「自然あそび」は、第2章ねらい及び内容、領域「健康」3内容の取扱いにおいて、「（3）自然の中で伸び伸びと体を動かして遊ぶことにより、体の諸機能の発達が促されることに留意し、幼児の興味や関心が戸外にも向くようにすること。その際、幼児の動線に配慮した園庭や遊具の配置などを工夫すること」と明記されています。

　同じく[1] 第1章総則、第2幼稚園教育において育みたい資質・能力及び「幼児期の終わりまでに育ってほしい姿」3の「（7）自然との関わり・生命尊重」として、「自然に触れて感動する体験を通して、自然の変化などを感じ取り、好奇心や探究心をもって考え言葉などで表現しながら、身近

な事象への関心が高まるとともに、自然への愛情や畏敬の念をもつようになる。また、身近な動植物に心を動かされる中で、生命の不思議さや尊さに気付き、身近な動植物への接し方を考え、命あるものとしていたわり、大切にする気持ちをもって関わるようになる」と記されています。幼児期に自然と関わりながら遊ぶことは、子どもの心身の発達だけでなく自然環境を学ぶ機会としても役立てることができます。自然で遊ぶ、自然の中で遊ぶことは、戸外で遊ぶことにつながり、子どもの外遊びの促進となるのです。

　また、保育における5領域はそれぞれが独立しているのではなく、相互に影響し関連していることは幼稚園教育要領解説[2]に明示されています。そのうえで、自然環境と言うように、自然あそびは領域「環境」と関わりが特に深いと言えるでしょう。子どもたちの多様なあそびを促し、援助するための環境構成が重要であることはいうまでもありません。ただ自然あそびといっても、園環境や園の立地など様々な状況によってできること、必要なもの、工夫すべきことが変わってくるでしょう。それぞれの園内環境、園庭・園外の環境の特性を理解し、それらを活用しその環境に合ったあそびを展開していくことが求められるのです。

　都市化や公園の減少、核家族化や共働き世帯の増加など、様々な背景によって子どもたちのあそび場、外あそび時間が減少していると言われています。普段、私たちはアスファルトやコンクリートなどで舗装された道路の上を歩いています。建物には、階段やスロープよりも楽なエスカレーターやエレベーターなども設置されています。舗装されていない、土、砂などでできた凹凸のある道を歩くだけでも、子どもたちにとって自然環境を感じる1つの手段となることが考えられます[3]。日常の中で子どもたちの心身の発達のために、自然

写真 16-1　自然とのふれあい

環境とのふれあいを大切にしていく必要があると考えます（写真16-1）。

2. 行事における自然あそび

保育園や幼稚園、こども園においては、様々な行事が行われています。ここでは、自然と関わるものを挙げていきます。

（1）遠　足

園、年齢、年度によって行先は様々であることが考えられますが、多くの場合、公園や自然環境のある場所へ一度は行くでしょう。勾配や起伏のある道を歩いたり走ったり、様々な動植物を発見し触ったり友達と共有したりすること（写真16-2）が考えられます。園庭以上に広い空間で体を思いっ

写真 16-2　動物とのふれあい

きり動かして遊ぶことや、緑のなかで深呼吸することを経験して、心身の成長やリラックスにつながるでしょう。

（2）農業体験

園内に畑があったり、近隣住民の協力のうえで近くの田んぼを借りたりして、農業体験をする園もあります（写真16-3）。種や苗を植えたり、草をとったり、水や肥料を撒いたり、収穫したり…と、様々な過程を通して植物の成長を感じることができます。何も植え

写真 16-3　農業体験

ていない畑や田んぼでは、園庭の「砂」との違いを感じることができることでしょう。どろんこになりながら、自然を肌で感じ、遊ぶことができます。

（3）川や海での水あそび

　園の近くに川や海といった水場がある場合、そこへあそびに行くことも考えられます（写真16-4）。水の感触、温度、流れる音、におい等、五感を活用して遊ぶことができます。また、そこには植物や、動物が生息していることでしょう。それらを見たり、時に捕まえたりして、生き物の命の尊さ

写真 16-4　川あそび

や儚さを学ぶ機会にもなります。水道やプールといった人工物から出てくる水ではなく、川や海の水を目にすることで自然界の水の循環の理解にもつながるでしょう。

　また、石を投げる水切りで遊ぶことも、広い場所だからできることです。投げるという動作を繰り返すことで体の発達につながります。どのように投げたら、どのような石を選んだらうまく水の上を跳ねるのか考え工夫するという経験もできます。

3.　日常における自然あそび

　子どもたちはあそびを通して学んでいます。日常において行われる自然あそびを挙げ考察します。

（1）砂あそび・泥あそび

　砂場は子どもたちにとって非常に身近であり、学びの多い場所でもあります。一人で黙々と遊んだり、友達同士協力して大きなものを作ったりすることができる空間です。様々な型に砂を固めたり泥団子を作ったり、というような細かな作業をすることで発達する手指。スコップを握って砂を掘り、盛り、バケツに水を汲んでは運びを繰り返し発達する腕や足腰。どろんこになって遊ぶことによって学ぶことは多いでしょう。

（2）木登り

　園庭に植えられている木に登ることができる園も存在します（写真16-5）。登れる子が登れない子に教えてあげたり、登れる子の様子を観察して登り方を学んだり、子ども同士で関わりながら挑戦していくことができるでしょう。

写真 16-5　木登り

（3）築　山

　高低差のある場所を上り下りすることで（写真16-6）、足腰の発達につながります。植物が植えられていることもあり、その場合、くぐったりかがんだりする運動が加わることも考えられます。

写真 16-6　丘の上り下り

（4）散　歩

　園外へ出かける散歩では、目的地があったり、散歩自体が目的であったりしますが、歩くことで運動機能が発達します。また、歩きながら地域の自然を感じたり発見したりすること

ができます。（写真16-7）

写真 16-7　自然の発見

（5）雨を楽しむ

　雨が上がると、園庭や砂場に水た
まりができることもあるでしょう。
そこへ子どもたちは飛び込んでいき
ます。遊具や葉っぱについた水滴に
興味を持ち、見つめたり触れてみた
りする子どももいます。身体と心で
「雨」という自然の現象を感じることができます。

4.　自然あそびにおける危険性・留意点

　自然物で遊ぶ（写真16-8）、自然
の中で遊ぶことは子どもたちに多様
な影響を与えます。しかし自然環境
に潜む危険に対しては、遊びながら
気を付けなければならないことも多
いでしょう。

　幼稚園教育要領[1]においては、領
域「健康」の内容「（10）危険な場

写真 16-8　自然物でのあそび

所、危険なあそび方、災害時などの行動の仕方が分かり、安全に気を付け
て行動する」とされています。自然環境は楽しいあそび場でもあります
が、危険と隣り合わせであり、重大事故が起こり得る環境でもあることは
想像に難くないでしょう。

　園内の自然環境においては、樹木や草花の植えられた築山、花壇、プラ
ンター、水生生物や昆虫などの生活環境であるビオトープ、水槽など、細
かいものを含めると様々な場所にあります。その動植物の管理や整備を通
して安全性を保つ必要があります。子どもたちの年齢や発達にあった段差

や大きさになっているのか、リスクとハザードを理解し判断することは、保育者や周りの大人がすべきことです[4]。

　散歩や遠足など、園外で自然に触れることも多いでしょう。園庭が広くなかったり、自然環境がなかったりする園も存在するため、園外でしか自然に触れることのない子どもたちも考えられます。園外での活動では、日常的に掃除や点検をする園内環境とは異なり、より多くの危険が潜んでいることが考えられます。そのために大人が判断しなければならないことも多くなるでしょう。

　天候によってあそびが広がったり深まったり、また変化したりすることは前述したとおりです。子どもたちが最後まで楽しく遊ぶためには、保育者がバランスをとる必要があると考えます。雨の水滴、雪の結晶や晴れた日の光などは子どもにとって魅力的なものであると同時に、怪我のリスクを高めるものでもあります。遊具が滑りやすくなったり、足元がとられやすくなったりします。砂のついた靴のまま固定遊具で遊ぶことで転倒事故につながる可能性もあります。だからといって、すべてを排除してしまうのでは子どもたちのあそび、学び、成長の機会を奪ってしまうことになります。

　自然は美しく、不思議で、興味深いものであるとともに、コントロールできるものでもなく、壮大で、時に危険なものであることを、子どもたちも大人も理解しておく必要があります。

文　献

1)　文部科学省：『幼稚園教育要領』pp.3-15，2017.
2)　文部科学省：『幼稚園教育要領解説』pp.133-135，2018.
3)　田口喜久恵：『デジタル社会の子どもの育ちを支える 保育内容健康』北大路書房，pp186-192，2021.
4)　花井忠征・野中壽子：『新保育ライブラリ保育の内容・方法を知る 保育内容健康第3版』北大路書房，pp.156-160，2022.

（加納拓朗）

第17章 食　　育

　近年、子どもの食生活の乱れや栄養不足、肥満、痩せ等が問題となっています。このような子どもを取り巻く食生活の問題を解決し、生活の基盤となる食について学ぶことが食育の目的です。教育・保育の場で、子どもの食に関わる保育者には、正しい食育の知識が必要とされます。この章では、食育について、実践例を交えて、学んでいきましょう。

1.　食　育　と　は

（1）　食育を推進するために

　保育所・認定こども園における食育は、保育所保育指針、幼保連携型認定こども園教育・保育要領（以下「認定こども園教育・保育要領」とする）にも示されている通り、子どもたちが生活とあそびの中で、意欲的に食にかかわる体験を積み重ね、食べることを楽しみ、食事を楽しみあう中で「食を営む力」の育成に向け、その基礎を培うことを目的としています。

　しかしながら、近年、子どもや大人を取り巻く社会状況が変化し、子どもが「食」を通した経験を積み重ねる機会が少なくなってきました。乳幼児をもつ働く保護者が増加し、家庭での食事に手間や時間をかけることができない家庭が増えると同時に、いつでもどこでも気軽に好きなものを食べることができるデリバリーサービスや子連れで利用できる飲食店が増えるなど、子どものみならず大人の食環境も変化したことで、様々な問題が

生じ、子どもの育ちに大きく影響を与えています。

　また、子どもの食事は、周りの大人や保護者の作る食事に委ねられていることもあり、調理済み食品の一般化と、乳幼児の保護者の「食」に対する意識の変化が、家庭の食卓の様子を変えてしまいました。乳児の離乳食についても、昔と今ではその内容が大きく変わり、集団に入って初めて食べる食材に戸惑う子どもが多くなっている現状があります。

　保育所における食事の提供ガイドラインにおいても、労働環境の変化や、家族の生活時間帯の夜型化、食事に対する価値観の多様化などにより、現在の子どもの状況として、「孤食」（一人で食事をすること）の子どもが増加するとともに、様々な「こ食（7つのこ食）」（図17-1）が問題になっていると述べられています。

　これらの様々な「こ食」は、コミュニケーション能力が育ちにくい、食事マナーが身につきにくいなど、様々な問題の要因となっています。

　乳幼児期は、「食べること」「遊ぶこと」「休養を取ること（睡眠）」が生活の大きな柱であり、子どもは「食」を通して心も体も豊かに育っていきます。夜型社会になり食環境が変化したことで、生活リズムが整わず、「おなかがすくリズム」が持てない子どもが多くなってきている現状がある中、保育所、認定こども園においては、一人ひとりの子どもの生活リズムを重視して、子どもが十分に遊び、おなかがすくリズムを繰り返し経験

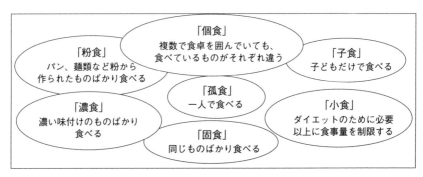

図17-1　避けたい七つの「こ食」
出典：厚生労働省：保育所における食事の提供ガイドライン，2012.

することで、生活リズムが整っていくように、家庭と連携して食育を推進
していくことが望まれます。

　そして、保育所、認定こども園は、子どもにとって第二の生活の場で
あり、保育所や認定こども園での食事は、子どもの心身の発達に大きな役
割を担っています。そうした社会状況をふまえて、子どもを取り巻く保育
者・指導者は、食育の実施や食事の提供について考えていく必要がありま
す。

（2）　食育の基本構造として

　「楽しく食べる子どもに〜保育所における食育に関する指針〜」（2004 年
3 月 29 日雇児保発大 0329001 号）において、保育所における食育の方向性
と全体像が示されています（図 17-2）（表 17-1）。

　食育は、子どもが生活とあそびの中で、意欲をもって食にかかわる体験
を積み重ね、食べることを楽しみ、食事を楽しみあう子どもに成長してい
くことを目標に実施することが望ましいです。

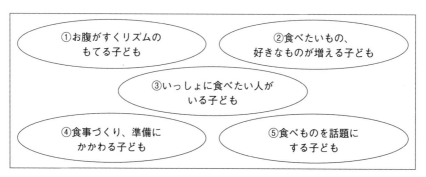

図 17-2　期待する 5 つの子ども像
資料：「楽しく食べる子どもに〜保育所における食育に関する指針〜」
（2004 年 3 月 29 日雇児保発大 0329001 号）

表 17-1 食育の取り組み

①食と健康	心身の健康に関する項目	・一人ひとりの子どもに合わせた提供方法 ・子どもたちによる給食食材の三大栄養素の分類
②食と人間関係	人とのかかわりに関する項目	・「共食」の大切さ・子どもも大人もみんな一緒に食べる時間
③食と文化	食の文化に関する項目	・和の文化を大切にした食事提供の実践 ・世界の料理を楽しもう
④いのちの育ちと食	いのちとのかかわりに関する項目	・産地と消費地をつなぐ保育所の食事 ・主食の「米」を育て、日本文化を感じる生活を
⑤料理と食	料理とのかかわりに関する項目	・味覚を育てる食事の工夫「薄味の中の旨味」を大切に

出典　厚生労働省：保育所における食事の提供ガイドライン、2012。

（3）食育の計画と評価

　保育所・認定こども園においては、全体的な計画に基づき、食事の提供を含む食育の計画（以下「食育計画」とする）を作成します（資料 17-1）（資料 17-2）。食育計画は、それぞれの保育所、認定こども園の子どもの発達状況や地域の実態を考慮するとともに、家庭と保育所、認定こども園、両方の食生活を総合的に捉えて作成することが大切です（図 17-3）。

　こうして作成された食育計画をもとに、日々の指導計画の中で計画

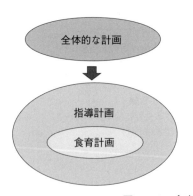

食育計画は、指導計画の中に位置づけること
①食環境の変化
②地域の実態
③子どもの発達
④家庭状況や保護者の意向
⑤保育時間などを考慮し作成すること

図 17-3　食育計画の作成にあたって

令和5年度　　　　　食育年間計画表　　　つるまち海の風こども園

年間目標		食育や菜園を通して食べることや「食」に関心、興味を持ち生きる力を養う
年齢別目標	0歳児	一人一人の口腔機能の発達に合わせた離乳を進める。食べることに興味を持ち自分で進んで食べようとする。
	1歳児	様々な食べ物や食材に慣れて味わい楽しく食事ができる。自分でスプーンを使って食べる。
	2歳児	「食」について様々な事に興味を持ち、食生活に必要な基本的な習慣や態度を身につける。
	3歳児	食事を楽しみながら、慣れない食べ物や、嫌いな食べ物にも挑戦する。お箸に興味を持つ。
	4歳児	いろいろな食材を食べる。正しいお箸の持ち方などの食習慣やマナーを身につける。
	5歳児	食べ物が体の中でどんな働きをするのか知り、自分の健康に関心を持つ。時間を意識しながら給食を食べる。

月	行事	お楽しみメニュー / 絵本メニュー / 郷土料理メニュー	ねらい	食育目標	食育内容(乳児)	食育内容(幼児)	食育指導	調理室の取り組み
4月	進級式 入園式	入園・進級お祝いメニュー / コロッケです。 / チキンフォー（ベトナム）	新しい環境の中での食事に慣れる	朝ごはんを食べよう。楽しく、美味しく食べよう。	食べやすいメニューを考慮する 食材の展示…たけのこえんどう豆	食べやすいメニューを考慮する 夏野菜を植える おにぎり作り（4・5歳）えんどう豆のさやむき（3・4・5歳）	朝ごはんを食べよう 給食室のこと	・全体の喫食状況を把握する。・食べやすい献立を取り入れる。・春の食材を取り入れる。
5月	こどもの日の集いクラス懇談会	子どもの日メニュー / おにぎりぼうやのたびだち / みそかつ（愛知県）		朝ごはんを食べよう。野菜に興味を持とう。	野菜や果物に触れる 食材の展示…そら豆夏野菜を植える（1・2歳）	そら豆のさやむき（3・4・5歳）おにぎり作り（4・5歳）サンドイッチ作り（4・5歳）三色食品群を知ろう（5歳）	野菜を育てよう 3原色について	・全体の喫食状況を把握する。・食べやすい献立を取り入れる。・春の食材を取り入れる。
6月	虫歯予防デー 保育参加（幼児クラス）遠足（3～5歳児）	かみかみメニュー / 11ぴきのねことあほうどり / にんじん（京都府）		ゆっくりよく噛んで食べよう。食中毒に気をつけよう。	野菜や果物に触れる 夏野菜の収穫 食材の展示…収穫できた夏野菜	おにぎり作り（4・5歳）夏野菜の収穫	よく噛むこと たべたあとは歯磨き	・よく噛んで食べるメニューを取り入れる・夏の食材を取り入れる。・収穫できた夏野菜を給食で提供する。
7月	プールびらき 七夕の集い 夏まつり	七夕メニュー / ドーナツやさんのおてつだい / ミネストローネ（イタリア）	基本的な食習慣を身につける	清涼飲料水の飲み過ぎに気をつけよう。	野菜や果物に触れる 夏野菜の収穫 食材の展示…とうもろこし 収穫できた夏野菜	とうもろこしの皮むき（3・4・5歳）おにぎり作り（3・4・5歳）夏野菜の収穫	野菜はどこから来るの 好き嫌いをなくそう生活リズム	・のど越しの良いメニューを取りいれる・食育で使用したトウモロコシを給食・おやつに提供する。・収穫できた夏野菜を給食で提供する。
8月	プールじまい	夏バテ解消メニュー / 王様のアイスクリーム / タンドリーチキン（インド）		しっかり食べて暑さをのりきろう。		ピーマンの種とり（2歳）		
9月	おじいちゃんおばあちゃんの日	お月見メニュー / おつきみうさぎ / やせうま（大分県）		おやつについて考えよう。	野菜や果物に触れる しめじさき（1・2歳）	食育クイズ（切り方クイズ）給食室のお手伝い（包丁・5歳）食育クイズ（手さぐりクイズ）	食生活リズム	・秋の味覚を取り入れた献立を作成する。

月	行事	メニュー		ねらい	野菜や果物に触れる	クッキング		
						給食室のお手伝い（皮むき・種取り3・4歳）おにぎり作り（3・4・5歳）		
10月	運動会遠足 ハロウィン 芋ほり	ハロウィンメニュー おおきなかぼちゃ 飛鳥汁（奈良県）	苦手な物を食べたり、感謝の気持ちを伝える	お箸、お茶碗を正しく持とう。	野菜や果物に触れる 食材の展示…かぼちゃ収穫したさつまい	ホットドッグ作り（3・4・5歳）おにぎり作り（3・4・5歳）	食事マナー	・秋の味覚を取り入れた献立を作成する。
11月	いも煮会 個人懇談会 保育参加	いも煮会 つきよのキャベツくん ケーク・サレ（フランス）		魚をおいしく食べよう。お魚教室	野菜や物に触れる 収穫したさつまいもでいも煮会（0・1・2歳）ピーマンの種とり（2歳）	収穫したさつまいもでいも煮会（3・4・5歳）焼きおにぎり作り（3・4・5歳）	味付けしさしせそクッキング	・収穫したさつまいもを給食で提供する。
12月	クリスマス会 保育おさめ	冬至メニュー クリスマス会メニュー じゃがいもポテトくん いとこ煮（山口県）		五味を意識して食べよう。	野菜や果物に触れる ポップコーン見学（2歳）冬野菜の収穫（0・1・2歳）	クッキー作り（3・4・5歳）冬野菜の収穫（3・4・5歳）おにぎり作り（3・4・5歳）	間食おやつ味覚について	・収穫できた冬野菜を給食で提供する。
1月	保育始め お正月あそび 週間 おもちつき 社会見学	お正月メニュー／鏡開き ちくわのわーさん のっぺい汁（新潟県）	楽しく給食を食べる時間内に食べられるようにする	体調管理に気をつけよう。	野菜や果物に触れる おもちつき体験（0・1・2歳）玉葱の皮むき（2歳）	ホットケーキ作り（4・4・5歳）おもちつき体験（3・4・5歳）おにぎり作り（3・4・5歳）	お手伝いクッキング	・冬の味覚を取り入れた献立を作成する。
2月	節分の日の集い 生活発表会 小学校交流会（5歳児）授業見学	節分メニュー バレンタインメニュー ヘンゼルとグレーテル 海苔の佃煮（東京）		適切な塩分でおいしく食べよう。	野菜や果物に触れる おにぎり作り（2歳）	うどん作り（5歳）手巻き寿司作り（4・5歳）ピザ作り（3・4歳）	早寝・早起き 朝ご飯	・冬の味覚を取り入れた献立を作成する。
3月	クラス懇談会 ひなまつり 卒園式 お別れ会	ももの節句メニュー ひな祭りのちらしずし にくすい（大阪）		1年を振り返ろう。	野菜や果物に触れる	リクエストメニュー（5歳）ピザ作り（5歳）	バランスよく食べよう 1年のまとめ	・5歳児のリクエストメニューを取り入れる

年間を通しての取り組み	・絵本メニューの中に登場する食材や料理を通して食に興味を持つ ・野菜の栽培や収穫活動を通して旬の野菜に触れる ・季節の行事や郷土料理を通じ、日本や世界の伝統文化を知る

連携	家庭	・献立表と給食だよりで給食・間食の献立を知らせ、健康・衛生・食習慣についての情報を提供し、啓発を促す ・毎日の献立を展示し、子どもの食について関心を持ってもらったり、理解を深めてもらう ・離乳食はアレルギー、未食状況を把握し家庭、担任と連携をとりながら進める
	クラス	・クッキング・食育を行う際は事前に担任と打ち合わせを行う ・アレルギー食は毎回必ずそれぞれの対応表を見ながら声を出して確認する ・配慮食がある場合は、午前中に確認する ・給食時間のクラスの様子を見ながら喫食状況を把握する

資料 17-1　2023 年度食育年間計画つるまち海の風こども園（大阪府大阪市）

令和5年度　北てらかた森のこども園食育計画

食育目標
・意欲的に食べる子を育てる
・豊かな食体験を積み重ねる

各年齢の食育目標	0歳児	1歳児	2歳児	3歳児	4歳児		5歳児
	・安心した環境の中で安心して食事を飲み込む、いた生活を送る。 ・一人一人の発達に合わせた離乳食を進め、食べる意欲を育てる。	・食事のリズムを整える ・自我の芽生えを大切に、食べる意欲を育てる。	・みんなと一緒に食べるときのマナーを大切に、いろいろな素材の名前で味を覚える。	・友達と一緒に食べる楽しさを知る ・いろいろな素材に慣れたり、食事のマナーや食具の使い方を覚える。	・友達と一緒に食べる楽しさを知る ・いろいろな食べ物と体の関係に関心を持つ。		・友達と一緒に食べる楽しさを身につける ・食べ物と体の関係や食事のマナーを身につける。 ・食べ方や食事のマナーを身につける。
月	行事食・絵本ででてくる食事	畑の収穫	調理体験	絵本メニュー	食文化	食事指導	保護者に
4月	こどもの日のこいのぼりメニュー			カレーライス（おばけのやきいもおばけのカレーライス）		食事の仕方（食器の使い方や持ち方、正しい姿勢）をしる。	早寝早起き朝ごはん
5月	誕生会 お楽しみ会	夏野菜を植える	のりの佃煮（4、5歳）	クッキー（ぐりとぐらのおはなし）		おいしいランドの探検隊	園の給食紹介
6月	サンドイッチ お楽しみ会	芋の苗植え	絵本おやつのサンドを自分で作ろう（3〜5歳） みそ汁（5歳）	サンドイッチ（サンドイッチサンドイッチ）		はたけのあじ	6月食育月間、食中毒
7月	七夕	夏野菜収穫	・夏野菜を使ったカツ（3〜5歳児） ・ゼリーづくり（4,5歳）	きんぎょにがしげた（ゼリー）	七夕の由来	配膳の仕方 箸の使い方	のみもの、夏野菜 箸の使い方の話しの様子を掲示
8月	お楽しみ会・食育クイズ（はてなボックス）			やさいのおなか（2歳）	やさいのおなか（2歳）	毎日しっかり朝ごはん	バランスの良い食事
9月	お月見まんじゅう お楽しみ会	冬野菜苗植え 守口大根	カレーライス（5歳アイスキャンプ）	おつきみうさぎ（つきみ団子）	月見団子の由来	月見団子の由来 おはしの持ち方	箸の使い方
10月	豆腐づくり（5歳児） ハロウィン（絵本、おやつ）	さつま芋堀り	ポップコーン作り（3歳） 餃子ピザ（4歳）	おおきなおおきなおいも（焼き芋）	ハロウィン	給食ってどうやってできるの？ 豆腐の効能について	良い姿勢で食べましょう 豆腐づくりの様子を掲示
11月	誕生会 鮭の解体ショー		スイートポテト（5歳） さつまいも茶巾しぼり（3歳） さつまいもごはん（1、2歳）	いわしくん（しゃけフレーク）	命の大切さを教える	鮭の成分について よく噛んで食べる	鮭の解体ショー掲示 11/8（いいは）よく噛んで食べる
12月	クリスマス会		ケーキデコレーション（4,5歳） おにぎりづくり（2歳）	シュトーレン（はらぺこサンタのクリスマス）		体のしくみを知る	薬に負けない体をつくりましょう
1月	お楽しみ会・鏡開き 七草かゆ	冬野菜収穫	焼きおにぎりづくり（4、5歳）	おせち（おせちごよみ）	おせち、七草粥、鏡開き	おせち、七草粥、きの由来	お正月、おせちの行事
2月	お楽しみ会		太巻き（4、5歳） ゼリー作り（3歳） のりのおやつだし（2歳）	巻きずし	節分の由来	箸の使い方、配膳のまとめ	箸ずしの様子 節分や大豆について
3月	お楽しみ会・お別れ会 ひなまつり（絵本、おやつ）		カップケーキ（3、4歳）	バムとケロのにちようび（ドーナッツ）	ひなまつりの由来	ひなまつりの由来	年長リクエストメニュー
評価 反省							

資料17-1　2023年度食育年間計画　北てらかた森のこども園（大阪府守口市）

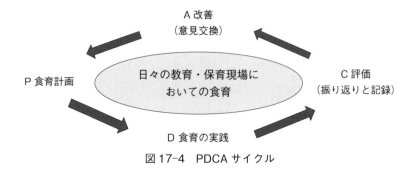

図 17-4　PDCA サイクル

（Plan）→ 実行（Do）→ 評価（Check）→ 改善（Action）のサイクルを繰り返しながら食育を展開していきます（図 17-4）。

（4）食を通した保護者への支援

　本来、子どもの食事は、家庭ですることが基本であり、保育所、認定こども園は、それを補完するための食事提供の場であると考えられていました。

　しかしながら、子どもの生活リズムが乱れ、就寝時間が遅くなり、朝が起きられず、朝食が食べられない乳幼児が増えている現状がある中、保育所、認定こども園だけが食育を推進しても効果が得られない状況となっています。

　子どもの食欲、摂食行動、成長、発達過程などはそれぞれ個人差があるので、一人ひとりの子どもに合わせて食事を提供せねばなりません。しかし、そのためには、家庭での状況を十分に聞き取り、保護者との連携を密にする必要があります。保育所、認定こども園では、食育の様子を「給食だより」（資料 17-3）やドキュメンテーション（資料 17-4）、掲示物などを使って、保護者に知らせているところが多くあります。こうした取り組みによって、心のこもった食事を提供することの意味を知らせたり、食事を作ることの楽しさ、食べることの楽しさを伝えたりしながら、家庭と連携し、食育に取り組んでいます。

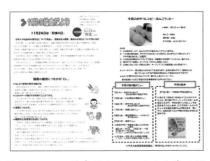

資料 17-3　給食だより つるまち海の風
　　　　　こども園（大阪府大阪市）

資料 17-4　ドキュメンテーション 下新
　　　　　庄保育所（大阪府大阪市）

2.　季節ごとの食育

　海、山、里と豊かな自然に恵まれている日本は、四季折々の新鮮な旬の食材があふれています。「食」は、音、におい、感触、味、視覚など五感すべてを同時に使う唯一の行為と言われ、五感を豊かにする経験ができる「食事の場」は、子どもにとってとても大切な時間です。

　かつて、昭和30年・40年頃の子どもたちは、自然の変化に応じてその時々の旬の食べ物を食べ、豊かな栄養素を得て、季節の特徴を生かした活動体験により生きる力の土台が培われていました。しかしながら、今日の子どもたちは、食べ物でも運動でも季節や自然との遊離があり、生活やあそびの中で、四季の変化に応じて旬のものを食べたり、四季ならではのあそびや運動をしたりすることも少なくなり、メリハリがなくなってきたと言われています。

　保育所、認定こども園で行われている季節ごとの食育「おもちつき」や「野菜の栽培」「おいもほり」「クッキング」などは、イベントや行事として捉えられがちですが、子どもが様々な経験を通して季節（旬）を感じとり、豊かな感覚や感情が培われることを活動のねらいとして行われていることを忘れてはなりません。日本では、四季の変化に応じた自然からの恵みを受けていることを子どもたちに伝えていく必要があります。

① 春の食育

行事（食）	旬の食材	食育体験
ひなまつり 卒園・入園・進級 こどもの日（端午の節句）	たけのこ・新じゃが うすいえんどう豆・そら豆・ いちごなど	たけのこの皮むき うすいえんどう豆、そら豆 のさやむき。野菜の苗植え

② 夏の食育

行事（食）	旬の食材	食育体験
七夕 立秋	とうもろこし・枝豆 トマト・きゅうり・なす・ピー マン・すいかなど	とうもろこしの皮むき 夏野菜の栽培、収穫 旬の食材クッキング 野菜の苗植え・田植え

③ 秋の食育

行事（食）	旬の食材	食育体験
お月見・芋ほり 秋分の日・七五三	さつまいも・しいたけ 栗・柿・ぶどう・さんま	芋ほり・秋野菜の収穫 旬の食材クッキング 野菜の苗植え・稲刈り 新米の収穫・お魚教室

④ 冬の食育

行事（食）	旬の食材	食育体験
冬至・お正月・大晦日 七草がゆ・鏡開き・節分 おもちつき	かぼちゃ・白菜・みかん	おもちつき 旬の食材クッキング 野菜の苗植え・冬野菜の収 穫・味噌づくり

芋ほり

北てらかた森のこども園（大阪府守口市）

玉ねぎの収穫

つるまち海の風こども園（大阪府大阪市）

稲刈り

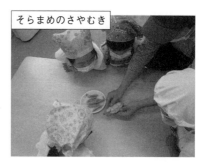

そらまめのさやむき

にしき認定こども園（大阪府守口市）　　北てらかた森のこども園（大阪府守口市）

　また、伝統食や行事食、そして郷土食などを通して日本の文化にふれることで、自然の恵みに感謝する気持ちが育まれます。感謝の気持ちと望ましいマナーが同時に身についていくことから、子どもだけでなく保護者にもその由来を伝えていくことが大切です。

3．食育実施例

【事例１】「３色食品分類を考えてみよう」つるまち海の風こども園（大阪府大阪市）

　食材のイラストをマグネットカードにして、①体を作るもの、②エネルギーのもとになるもの、③体の調子を整えるものなど色分け分類しています。

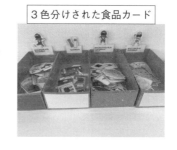

３色分けされた食品カード

その日の給食メニューの食材は、どの栄養素にあたるのか年長児の子どもたちが話し合いボードに貼り付けます。

何が入っているのかな？

子どもたちは食材に興味を持ち、食べることを楽しんでいます。

今日は10個のパワーだね！

今日のメニューを分類して貼りました

【事例2】「だしの飲み比べ」北てらかた森のこども園（大阪府守口市）

　毎日食べている給食に使われている出汁について、給食室の先生に教えてもらいました。

出汁ってなあに？何からできているの？

どういう風にして出汁をとっているのか給食室の先生に聞いた後、昆布出汁と鰹出汁の飲み比べをしました。

子どもたちは、出汁によって色や香り、味に違いがあることに気づいたようです。

出汁の色や香りを比べた後は、一人ずつ味噌玉で味噌汁をつくりました。材料や、作り方がわかってから食べた味噌汁は、格別だったようです。

味もにおいも違うね

【事例３】「絵本のメニュー」つるまち海の風こども園（大阪府大阪市）

　子どもたちが大好きな絵本の中に出てくる食べ物が給食やおやつで登場します。子どもたちは、絵本の中で想像していた食べ物が、目の前に現れて大喜びです。

| ４月 | おにぎり |

「おむすびころりん」
文・絵：いもとようこ　出版社：金の星社

| ５月 | あほうどりが食べたコロッケ |

「11 ぴきのねことあほうどり」
文・絵：馬場のぼる　出版社：こぐま社

| ６月 | くまさんのカレー |

「くまおさんのカレーライス」
文・絵：白土あっこ
出版社：ひさかたチャイルド

| ７月 | ドーナツ |

「ドーナツやさんのおてつだい」
文：もとしたいづみ　絵：ヨシエ
出版社：泰文社

| ８月 | むしぱん |

「ばばばあちゃんのなぞなぞりょうりえほん　むしぱんのまき」
文：さとうわきこ　絵：佐々木志乃
出版社：福音館

| ９月 | お月見だんご |

「おつきみうさぎ」
文：中川ひろたか　絵：村上康成　出版社：童心社

| 10 月 | ハロウィンメニュー |

「おおきなかぼちゃ」
文：エリカ・シルバーマン　絵：S. D. シンドラー
出版社：主婦の友社

| 11 月 | とんかつ |

「つきよのキャベツくん」
文・絵：長新太　出版社：文研出版

| 12 月 | ポテトくんのポテトサラ |

「じゃがいもポテトくん」
文・絵：長谷川義史　出版社：小学館

| 1 月 | おでん |

「ちくわのわーさん」
文・絵：岡田よしたか　出版社：ブロンズ新社

| 2 月 | お菓子のおうち |

「ヘンゼルとグレーテル」
文：香山美子　絵：柿本幸造
出版社：チャイルド絵本館

| 3 月 | ちらしずし |

「ひなまつりのちらしずし」
文・絵：宮野聡子　出版社：講談社

【事例４】「食育指導」つるまち海の風こども園（大阪府大阪市）

　毎月、テーマに沿ってパネルや紙芝居を使って食育指導を行っています（幼児クラス）。「生活リズムの大切さ」「食事のマナー」「命の大切さ」など、テーマごとの教材は、子どもたちに視覚を通してわかりやすく伝えることができます。

５歳児　食育指導の様子 つるまち海の風こども園（大阪府大阪市）

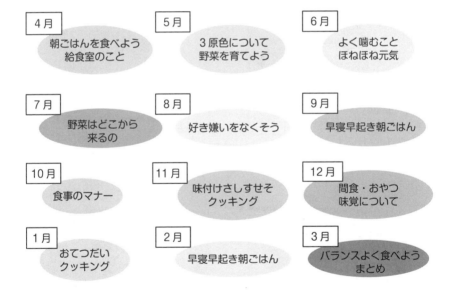

4月	5月	6月
朝ごはんを食べよう 給食室のこと	３原色について 野菜を育てよう	よく噛むこと ほねほね元気

7月	8月	9月
野菜はどこから 来るの	好き嫌いをなくそう	早寝早起き朝ごはん

10月	11月	12月
食事のマナー	味付けさしすせそ クッキング	間食・おやつ 味覚について

1月	2月	3月
おてつだい クッキング	早寝早起き朝ごはん	バランスよく食べよう まとめ

文　献

1)　厚生労働省：『保育所保育指針』2017.

2)　内閣府・文部科学省・厚生労働省：『幼保連携型認定こども園教育・保育要領』2017.

3)　厚生労働省：『保育所における食事の提供ガイドライン』2012.

4)　厚生労働省：『保育所における食育に関する指針』2004.

5)　前橋　明：子どもの未来づくり（2）』明研図書，2010.

6)　保育総合研究会：『平成30年度施行新要領・指針サポートブック』世界文化社，2017.

7)　秋田喜代美・馬場耕一郎：『保育士等キャリアアップ研修テキスト』中央法規，2018.

（若林仁子）

第 18 章　保育計画と指導案

　この章では、乳幼児の健康について、乳幼児の教育・保育の現場で、どのような計画が必要であるかを紹介します。実際の教育・保育の現場で実施されている計画を学ぶことで、保育者として必要な生きた知識を身につけましょう。

1. 計画の基本的な考え方

　幼稚園教育要領および保育所保育指針（図 18-1）との整合性の確保をし、2017 年 3 月、内閣府・文部科学省・厚生労働省告示第 1 号をもって公示した保育所保育指針、幼稚園教育要領、幼保連携型認定こども園教育・保育要領は、2017 年 3 月 31 日に告示、2018 年 4 月 1 日より実施され、内容についての整合性を図っています。その基本的な考え方は「環境を通して行うものであること」となっています。
　○育みたい資質・能力
　　「知識及び技能の基礎」「思考力、判断力、表現力等の基礎」「学びに向かう力、人間性等」
　○幼児期の終わりまでに育ってほしい姿
　　「健康な心と体」「自立心」「協同性」「道徳性・規範意識の芽生え」「社会生活との関わり」「思考力の芽生え」「自然との関わり・生命尊重」「数量・図形、文字等への関心・感覚」

幼稚園教育要領	幼保連携型認定こども園 教育・保育要領	保育所保育指針
前文 **第1章　総則** 第1　幼稚園教育の基本 第2　幼稚園教育において育みたい資質・能力及び「幼児期の終わりまでに育って欲しい姿」 第3　教育課程の役割と編成等 第4　指導計画の作成と幼児理解に基づいた評価 第5　特別な配慮を必要とする幼児への指導 第6　幼稚園運営上の留意事項 第7　教育課程に係る教育時間の終了後等に行う教育活動など **第2章　ねらい及び内容** 健康 人間関係 環境 言葉 表現 **第3章　教育課程に係る教育時間の終了後等に行う教育活動などの留意事項**	**第1章　総則** 第1　幼児連携型認定こども園における教育及び保育の基本及び目標等 第2　教育及び保育の内容並びに子育ての支援等に関する全体的な計画等 第3　幼保連携型認定こども園として特に配慮すべき事項 **第2章　ねらい及び内容並びに配慮事項** 第1　乳児期の園児の保育に関するねらい及び内容 第2　満1歳以上満3歳未満の幼児の保育に関するねらい及び内容 第3　満3歳以上の園児の教育および保育に関するねらい及び内容 第4　教育及び保育の実施に関する配慮事項 **第3章　健康及び安全** 第1　健康支援 第2　食育の推進 第3　環境及び衛生管理並びに安全管理 第4　災害への備え **第4章　子育ての支援** 第1　子育ての支援全般に関わる事項 第2　幼保連携型認定こども園の園児の保護者に対する子育ての支援 第3　地域における子育て家庭の保護者等に対する支援	**第1章　総則** 1　保育所保育に関する基本原則 2　養護に関する基本的事項 3　保育の計画及び評価 4　幼児教育を行う施設として共有すべき事項 **第2章　保育の内容** 1　乳児保育に関わるねらい及び内容 2　1歳以上3歳未満児の保育に関わるねらい及び内容 3　3歳以上児の保育に関するねらい及び内容 4　保育の実施に関して留意すべき事項 **第3章　健康及び安全** 1　子どもの健康支援 2　食育の推進 3　環境及び衛生管理並びに安全管理 4　災害への備え **第4章　子育て支援** 1　保育所における子育て支援に関する基本的事項 2　保育所を利用している保護者に対する子育て支援 3　地域の保護者等に対する子育て支援 **第5章　職員の資質向上** 1　職員の資質向上に関する基本的事項 2　施設長の責務 3　職員の研修等 4　研修の実施体制等

図 18-1　保育所保育指針、幼稚園教育要領、幼保連携型認定こども園教育・保育要領

「言葉による伝えあい」「豊かな感性と表現」

○小学校との接続

　カリキュラム・マネジメントの充実、幼児の発達に即した主体的・対話的で深い学びの実現、小学校教育との円滑な接続等の観点を踏まえ、教育・保育をしていくこととなっています。

2. 計画の種類

　計画は、全体的な計画に基づき、具体的な教育・保育が適切に展開されるよう、子どもの生活や発達を見通した長期的な指導計画と、それに関連しながら、より具体的な子どもの日々の生活に即した短期的な指導計画（図18-2）を作成しなければなりません。

　乳幼児教育・保育施設（保育園、幼稚園、認定こども園）では、次の計画が必要となっています。

　〇全体的な計画

　　園の方針や理念に基づくもの

　〇指導計画

　　各学年の計画

　　　長期指導計画

　　　年間指導計画　　月案

　　　短期指導計画　　週案　　日案

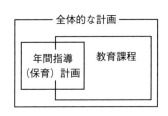

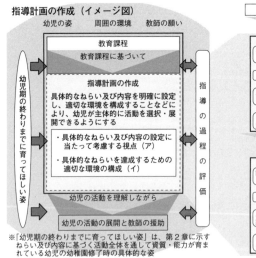

※「幼児期の終わりまでに育ってほしい姿」は、第2章に示すねらい及び内容に基づく活動全体を通して資質・能力が育まれている幼児の幼稚園修了時の具体的な姿

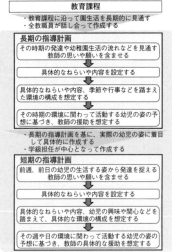

図18-2　指導計画のイメージ

　その書類自体は、幼保連携型認定こども園、保育園、幼稚園で同じですが、どのような視点で書くかは園によって異なり、近年は業務省力化もありICTの導入も進んでいるため、様式は多種多様です。どの園も自分のところの理念方針、職員構成、保育内容、取り組みの特色により、作成しています。

　指導計画を領域別に書いているところもあれば、領域別ではないけれど健康のことが書かれているところもあります。

　長期指導計画としての年間指導計画は、よく4月から3月までの1年間の生活を見通して立てます。4期に分けて書くことが多いです。期をどのように分けるかは、その園の考え方によります。月案（月間指導計画）は

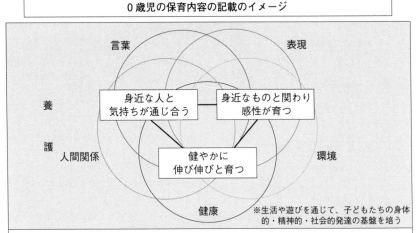

0歳児の保育内容の記載のイメージ

言葉	表現

身近な人と
気持ちが通じ合う

身近なものと関わり
感性が育つ

養

護　　人間関係

健やかに
伸び伸びと育つ

環境

健康　　※生活や遊びを通じて、子どもたちの身体的・精神的・社会的発達の基盤を培う

○乳児保育については、生活や遊びが充実することを通して、子どもたちの身体的・精神的・社会的発達の基盤を培うという基本的な考え方を踏まえ、乳児を主体に、「身近な人と気持ちが通じ合う」「身近なものと関わり感性が育つ」「健やかに伸び伸びと育つ」という視点から、保育の内容等を記載。保育現場で取り組みやすいものとなるよう整理・充実。
○「身近な人と気持ちが通じ合う」という視点からは、主に現行指針の「言葉」「人間関係」の領域で示している保育内容との連続性を意識しながら、保育のねらい・内容等について整理・記載。乳児からの働きかけを周囲の大人が受容し、応答的に関与する環境の重要性を踏まえ記載。
○「身近なものと関わり感性が育つ」という視点からは、主に現行指針の「表現」「環境」の領域で示している保育内容との　連続性を意識しながら、保育のねらい・内容等について整理・記載。乳児が好奇心を持つような環境構成を意識して記載。

図18-3　0歳児の保育内容の記載のイメージ

　年間計画をもとに、さらに具体化して、1か月の生活を見通して立てます。

　短期指導計画の週案は、1週間の子どもの生活を見通して立て、日案は1日の子どもの生活を見通して立てます。

　たとえば、0歳児であれば、図18-3のようなイメージとなります。

　また、3つの資質能力、5領域と10の姿のイメージは次のようになります。

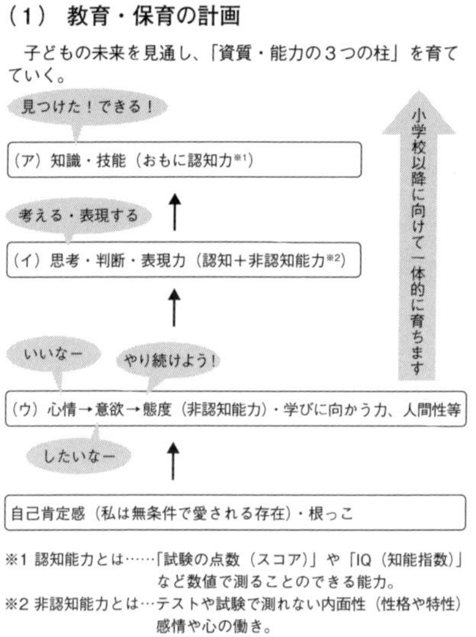

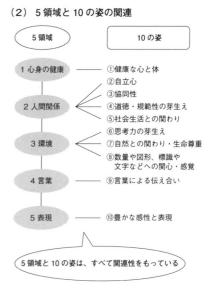

（1）教育・保育の計画

　子どもの未来を見通し、「資質・能力の3つの柱」を育てていく。

見つけた！できる！

（ア）知識・技能（おもに認知力※1）

考える・表現する

（イ）思考・判断・表現力（認知＋非認知能力※2）

いいなー　　やり続けよう！

（ウ）心情→意欲→態度（非認知能力）・学びに向かう力、人間性等

したいなー

自己肯定感（私は無条件で愛される存在）・根っこ

小学校以降に向けて一体的に育ちます

※1 認知能力とは……「試験の点数（スコア）」や「IQ（知能指数）」など数値で測ることのできる能力。
※2 非認知能力とは…テストや試験で測れない内面性（性格や特性）感情や心の働き。

図18-4　資質・能力の3つの柱のイメージ

（2）5領域と10の姿の関連

5領域　　　　　　　　10の姿

1 心身の健康 ——— ①健康な心と体
　　　　　　　　　②自立心
2 人間関係 　　　　③協同性
　　　　　　　　　④道徳・規範性の芽生え
　　　　　　　　　⑤社会生活との関わり
3 環境　　　　　　⑥思考力の芽生え
　　　　　　　　　⑦自然との関わり・生命尊重
　　　　　　　　　⑧数量や図形、標識や文字などへの関心・感覚
4 言葉 ——————⑨言葉による伝え合い
5 表現 ——————⑩豊かな感性と表現

5領域と10の姿は、すべて関連性をもっている

図18-5　5領域と10の姿のイメージ

3. 教育・保育内容

　保育の方法は、子ども主体の保育をしているところもあれば、設定保育を中心としていることろもあります。また、設定保育と子ども主体の保育のバランスをとりながら、取り入れているところもあります。子ども主体で、コーナーあそびを1日中しているところであっても、発達の目安は必要であり、1年の見通しは必要となります。

　いずれにしても、子どもが育つには、0歳児からの連続した流れがあります。3歳までに基礎を習得し、3歳からは経験し習得したいわば引き出しの中にためたものを、必要に応じて出し入れしながら、自分で考え、活動していきます。保育者（保育教諭・保育士・栄養士他子どもと関わる大人）は、子どもを観察し、何を育てていくかを考え、保育計画を立てるのですが、子どもの興味・関心の方向は様々なので、予想した方向から変化していくことが、たびたびあります。それを、保育者の思い描いた方向に引っぱっていくのではなく、子どもの発見、興味・関心のある方向を見極め、変更し、子どもたち自身が発展させられるよう、新たな援助を考え、環境を整えていきます。

　教育・保育は自然に育つものと教えて育つものがあり、川の流れのように、あるときは左岸へ、またあるときは右岸へと揺れながら流れていくものです。

　保育で重要なのは、「子どもの行動、活動、言葉をよく観察する」ということです。

　子どもがどんなことに興味をもつのか、どんなことを発見して喜んでいるのか、何がおもしろいと思っているのか、何度も何度も繰り返して何を学んでいるのかなど、よく観察することが大切です。

　例えば、子どもは道草が大好きであり、子どもの背の高さから、道端に咲いている草、花、虫など、大人が見落とすようなことにも気づき、世界が広がっていきます。

　大人は、慌ただしい生活をしていると、あっという間に季節が変わり、あれ？　今年は桜を楽しんだだろうかと思うことがあります。しかし、子どもの世界はそうではなく、毎日、新しい出会いがあり、ふとした小さなことに興味・関心をもち、あそびが広がっていきます。大好きなダンゴムシを園庭の隅で見つけると、そこからダンゴムシの不思議に興味・関心をもち、友達と共有し、毎日毎日ダンゴムシ探しが始まります。

　また、砂場でのお団子づくりは、全国で何十年もの間行われているあそびです。誰が教えるわけでもなく、子どもたちは作ったお団子をどれだけ固くピカピカにできるかを友達と試しながら、新たな発見をしたらそれを広め、あそびを展開していきます。「さら砂」と呼んでいる細かい石を取り除いたさらさらの砂をつくり、何度も何度もお団子にかけて、固くしていきますが、「おかたづけー」と言われると、自分の靴箱にそっとかくします。

　また、5歳児になると、これまで経験してきたゲームや鬼ごっこなどから、自分たちの創作、オリジナルな集団あそびが始まります。これまでの鬼ごっこに園庭の遊具などを加え、ルールづくりをし、その園、そのクラス独自の鬼ごっこができたりします。

　ある園では、毎月の運動あそびにテーマを決めて取り組んでいますが、例えば、「なげる」では、玉入れ、ドッジボールなどの他に、穴のあいた箱やかごなどを組み合わせ、投げる位置を決めて、穴にめがけてボールを投げ入れるというあそびをしています。

　5歳児は、3歳児が参加してくると、投げる位置が前になるように線を引いてあげて、入りやすいように、お世話をしています。

　リレーのトラックは、子どもたちがおもちゃを並べてトラックを作ったり、走る競争をするときには、どこまで走って何にタッチをして戻ってくるのか、それを何回するのか子どもたちでルールを作って遊んでいます。

　タイヤを自分の陣地まで引っ張ってくる競技をするときにも、子どもたちは作戦会議をし、どのタイヤを相手より先に引っぱってくるか、また相手チームと引っ張り合いになったときにひきずられないよう、自分を重く

しようと靴に砂を一杯入れている姿など、観察すると子どものことが理解できます。

4. 振り返りの重要性

　保育を行ったら、必ず振り返りをすることが重要です。1日の活動を振り返り、子どもの言動がどのようであったか、何に興味・関心があったのか、心は動いていたか、ときめきやひらめきがあったかなど、振り返りをします。そして、次の計画を立てます。立てた計画は、実施したあと振り

返りを行い、課題を見つけ改善し、次の計画を立てる PDCA サイクルが重要となります。また、計画どおりに進まないなど、子どもの興味・感心が予想と違う方向にあり、展開していく時には、計画は柔軟に変更できるようにしなければなりません。

　S園では、保育理念・方針に基づき、「健康教育」と「情操教育」を2本柱とし、保育を行っています。そこから、「食べて動いてよく寝よう」と「感じて気づいて確かめて」をテーマにし、健康については、毎月運動あそびのテーマと親子で取り組む休日の朝ごはん、生活習慣向上チャレンジや体力測定、歩数計測（ライフコーダ）など実施しています。これらの結果を『成長の足あと』で保護者にフィードバックし、親子でその成長を確認するということに取り組んでいます。

　次のページでは、この園での全体的な計画と5歳児月案を紹介します。

令和5年度 全体的な計画（前）　　　社会福祉法人　心育会　　さつきこども園

全国保育士会 倫理綱領	すべての子どもは、豊かな愛情のなかで心身ともに健やかに育てられ、自ら伸びていく無限の可能性を持っています。 　私たちは子どもが現在（いま）を幸せに生活し、未来（あす）を生きる力を育てる保育に仕事に誇りと責任をもって、自らの人間性と専門性の向上に努め、一人ひとりの子どもを心から尊重し、次のことを行います。 　私たちは、子どもの育ちを支えます。 　私たちは、保護者の子育てを支えます。 　私たちは、子どもと子育てに優しい社会を作ります。
教育・保育理念経営理念	(1) 本園は、入園する乳児及び幼児（以下「園児」という）の最善の利益を考慮し、その福祉を積極的に増進することに最もふさわしい生活の場を提供するよう努めます。 (2) 本園は、教育・保育に関する専門性を有する職員が、家庭との緊密な連携の下、園児の状況や発達課程を踏まえ、養護と教育を一体的に行います。 (3) 本園は、地域との様々な社会資源との連携との図りながら、園児と保護者に対する支援及び地域の家庭に対する支援などを行うよう努めます。
教育・保育目標	○感性豊かな子どもに育つ ○人の気持ちが分かる子どもに育つ ○将来、自立できる心が育つ
教育・保育方針	『健康教育』・『情操教育』を、2本柱とし、"心が動く体験"を、たくさん経験できる環境づくりに努め、健康な心と体づくりに努め、健康な心と体を目指します。また、大人や友だち、自分より小さい年齢の友だち等たくさんの人との関わりの中で、対話を楽しみ、楽しい集団生活ができるように努めます。 ①乳児保育については、「身近な人と気持ちが通じ合う」「身近なものと関わり感性が育つ」「健やかに伸び伸びと育つ」ために、専門性をもって、愛情に満ちた関わりをします。 ②幼児教育については、子ども達が主体的にあそびや活動ができるように促します。

社会的責任	人権尊重	説明責任	情報保護	苦情処理・解決
児童福祉施設として、子育て家庭や地域に対し、幼保認定型認定こども園の役割を確実に果たす	保育士等は、保育の営みが子どもの人権を守るために法的・制度的に裏付けられていることを認識し、理解する。	保護者や地域社会と連携や交流を図り、透明性のある運営をすることで、一方的な説明ではなく分かりやすい応答的な説明をする。	保育にあたり知り得た子どもや保護者に関する情報は、正当な理由なく漏らしてはならない。（児童福祉法第18条の22）	苦情解決責任者である施設長の下に苦情解決担当者を決め書面における体制を整備する。また第三者委員を設置する。職員で共通理解を図る。

図18-6　2023年度全体計画　社会福祉法人心育会 さつきこども園
（大阪府池田市）（大阪府池田市）

令和5年度 全体的な計画（続）　　社会福祉法人　心育会　さつきこども園

教育・保育理念	・子どもの最善の利益を考慮し、子どもの真の幸福を図るとともに「心情」「意欲」「態度」といった生きる力の基礎を育むための保育に努める ・子ども一人一人の発達の段階を捉えて教育し、陶冶する楽しい集団生活の場となるように努める
教育・保育方針	『健康教育』・『情操教育』を2本柱とし、"心が動く体験"を、たくさん経験できる環境づくりに努める
教育・保育目標	・感性豊かな子どもに育つ　・人の気持ちが分かる子どもに育つ　・将来自立できる心が育つ

社会的責任	人権尊重	説明責任	情報保護	苦情処理・解決
児童福祉施設として、子育て家庭や地域に対し、幼保認定型認定こども園の役割を確実に果たす	保育士等は、保育の営みが子どもに裏付けられていることを認識し、理解する。	保護者や地域社会と連携や交流を図り、透明性のある運営をすることで、一方的な説明ではなく分かりやすい応答的な説明をする。	保育にあたり知り得た子ども・保護者に関する情報は、正当な理由なく漏らしてはならない。 （児童福祉法第18条の22）	苦情解決責任者である施設長の下に苦情解決担当者を決め書面における体制を整備する。また第三者委員を設置する。職員で共通理解を図る。

教育・保育目標（子どもの）	0歳児	一人ひとりの生活リズムに合わせ、安定して過ごす 愛情豊かな保育者の受容により、信頼関係の基礎を培う 衛生的な環境の中、生理的欲求を十分に満たし、安心して過ごす 見る、触れる、探索するなど、身近な環境に自分から関わろうとする	3歳児	生活習慣が自立し、ほぼ自分で行うようになる 友達との関わりの中で、相手の気持ちに気づくようになる 身近な環境に心を動かし、興味をもって自分から関わる 保育士や友達に親しみをもち、一緒に遊ぶことを楽しむ 友達とのあそびや生活の中での必要なルールやきまりがわかる	
	1歳児	安心できる保育者との関係の中で、身の回りのことを自分でやってみようとする 安全な環境の中で探索活動を楽しみ、手指の感覚や興味、好奇心を育む 絵本や玩具に興味をもち、好きなあそびを見つけて繰り返し遊ぶ 安全な環境の中、全身を動かして遊ぶ	4歳児	身の回りのことの始末がわかり、丁寧に行うようになる 遊びを通して集団で活動することにより、相手の気持ちを理解するようになる 身近な環境に主体的に関わり、イメージを広げて遊ぶなど"心が動く体験"をする	
	2歳児	基本的な生活習慣が身に付く 興味、関心があることを自分で行い、満足感を味わう 自分の思いや要求を言葉で表現できるようになる 友達に興味をもち、関わって遊ぶ喜びを味わう "心が動く体験"を友達や保育者と経験し、気持ちを共感する喜びを味わう	5歳児	健康な生活の仕方がわかり、進んで取り組む 様々な体験に心が動き、それらを表現したり、好奇心を味わう 生活や遊びの中で、一つの目標に向かい力を合わせて活動し、達成感や充実感をみんなで味わう 今までの経験や知識を生かし、挑戦したり、試行錯誤を繰り返しながらあそびを広げていく	

教育・保育の内容						
年齢	0歳児	1歳児	2歳児	3歳児	4歳児	5歳児
養護 ── 生命の保持	・子どもの心身の発育や発達の健康状態を細かく観察し、疾病や異常の発見に努め、快適に生活できるようにする	・特定の保育士との信頼関係がさらに深まり、愛着関係が育まれる ・探索活動が十分に行えるように安全な環境を作る	・生活やあそびの中で、自我が育つようにする ・基本的な生活習慣に関することに興味をもてるように関わる	・基本的な生活習慣を身につけられるように援助する ・安全面に十分配慮した環境を整え、運動機能が高まるように遊びに取り入れる	・生活の仕方が身に付き、自信をもって取り組めるように関わる ・子どもが健康や安全に気付けるようにする ・運動量が増し、活発に活動できるように配慮する	・健康や安全に必要な基本的な習慣や態度を身に付け、その訳を理解して行動出来るようにする ・危険な物や場所、危険な行動について伝え、自ら安全に気を付けて活動できるようにする
情緒の安定	・特定の保育者が一人一人のリズムに合わせて生理的欲求を満たすことで、自分の存在を肯定する気持ちが育まれる様に信頼関係を築いていく	・スキンシップにより、人との関わりの心地よさや安心感を得られるように接する	・子どもの気持ちを受容し共感しながら、継続的な信頼関係を築いていく ・自分でしたいと思う気持ちを受け止め、自信に繋げる	・主体的な活動ができる環境を構成し、探索意欲が高められるように見守る	・多様な経験から生じる心の葛藤を認め、安心して気持ちを切り替えることが出来るようにする ・自信をもって興味、関心があることに意欲的に取り組めるように、自己肯定感を育む	・生活リズムに応じた活動内容の調和を図り、休息が取れるようにする ・成長を誇りに感じ、自信をもって生活を送ることが出来るようにする
健康	・特定の保育者との安定した関係の中で、安心して過ごす ・睡眠や食事などの生活リズムが整ってくる ・指先を使って遊んだり、園庭を歩いたり、走ったりする	・保育士が見守る中、身の回りの簡単なことに興味をもち、自分でしようとする ・戸外に出て十分に体を動かして遊ぶことを楽しむ ・興味、関心があることに夢中になって遊ぶ	・簡単な身の回りのことをできることに喜ぶ ・戸外で十分に体を動かして遊ぶ	・自分で出来る身の回りのことは自分でしようとする ・友達と一緒に遊具や用具、自然物等を用いて様々な動きのある運動あそびを楽しむ	・身の回りのことはほぼ自分で出来るようになる ・戸外で様々な遊具や用具を使い、一緒に楽しむ運動や集団あそびを通して、のびのびと体を動かしてあそぶ	・友達と一緒に生活の場を整え、活動の見通しをもちながらいきいきともっていく ・身体機能、運動能力が高まり、複雑な運動に挑戦し、達成感を味わうことで自分に自信をもつ

教育	人間関係	・特定の保育者との安定した関わりの中で、信頼関係が芽生える ・友達の存在に気づき、保育者の仲立ちのもとで友達と関わるようになる	・友達と玩具の取り合いなど、思うようにならないことも経験し、保育者に気持ちを受け止められ、気持ちを切り替えようとする ・自由あそびの中で、保育者や友達に関心をもち、自ら関わろうとする	・自己主張が芽生え、友達と玩具の取り合いなどを経験し、保育者に仲立ちされて相手の気持ちを知る ・保育士の仲立ちのもと、友達と一緒に遊ぶことを楽しむ	・友達との関わりの中で、保育士の仲立ちにより、相手の気持ちに気付く ・友だちと簡単なルールのある遊びを経験し、ルールのもとで遊ぶ楽しさを知る	・友達とあそびを進めていく楽しさを共感しながら、ルールを守って遊ぶことが楽しく遊べることがわかる	・人の役に立つことの喜びを味わい、仲間から認められることで自信をもつ ・一つの目標に向かい協力する中で、相手の立場がわかり、互いに認め合ったり、助け合うようになる ・地域の方など、自分の生活にかかわりの深い、色々な人に親しみを持つ
	環境	・保育者に見守られる中で、玩具や身の回りのものに興味をもち、一人あそびを十分に楽しむ ・園庭や戸外で自然物などに触れたりして興味をもつ	・あそびの中で自然に触れ、楽しさや心地良さを感じる ・身近なものに興味をもち、自ら見たり、触れたりしながら繰り返し遊ぶ	・日常の中で雪や雨などの自然現象や草花や小動物に関心をもつ ・興味をもったものや不思議に感じたことを保育士に尋ねたり、自分なりにあそびに取り入れる	・身近な自然物への興味が深まり、あそびに取り入れ、季節の変化に気付く ・自分の物と人の物と共同の物の区別がつき、大切にしようとする	・動植物に親しみ、世話をするなどすることで、生命の尊さに気付く ・身近な自然や物、遊具に興味をもって関わり、考えたり試したりして工夫して遊ぶ	・身近にある事物や仕組み、数に興味、関心をもち、考えたり、試したり、工夫しようとする ・季節の移り変わりを知り、自然の美しさや大きさを感じる
	言葉	・日常的に単語や喃語が豊かになり、保育者に優しく受け止めてもらい、発語ややり取りを楽しむ	・自由遊びの中で、日常の言葉をあそびの中に入れながら、ごっこあそびをする ・日常の中で自分の思いや要求を言葉で表現できるようになる	・日常の中で思いや要求を言葉で表現するようになる ・日常に言葉を遊びの中に入れながら、イメージを膨らませ、ごっこあそびをする	・自分の思ったことや感じたことを言葉で表し、保育者や友達に伝える ・様々な言葉の中で、保育者や友達と日常生活での言葉を使ってあそび、やり取りを楽しむ	・人の話を注意して聞き、相手にも分かるように話すようになる ・童話などを聞いたり、自ら表現したりして、言葉の面白さや楽しさに興味をもつ	・自分の経験したこと、考えたことなどを適切な言葉で表現し、相手と伝え合う楽しさを味わう ・人と話し合うことや身近な文字に関心を深め、読んだりすることの楽しさを味わう
	表現	・保育士の歌を聴いたり、一緒に歌ったりして、楽しさや心地よさを感じる ・様々な感触の物に触れたり、心地よい音やきれいな色を見たり聞いたりする	・様々な活動の中で、クレパスを使い、なぐり描きを十分に楽しんだり、様々な簡単な楽器を鳴らすことを楽しむ	・日常の中で、きれいな音に気付き心地よさを感じる ・音楽に合わせて歌ったり体を動かすことを楽しむ ・自由あそびの中で自分なりに玩具を色々な物に見立てて遊ぶ	・様々な色を自分なりに表現して美しさ等を感じ、楽しむ ・日常に様々な用具や素材に親しみ、遊んだり作ったりして遊ぶ	・様々な色や形、音などの面白さや美しさを感じながら、楽器を演奏したり、描いたりする ・様々な素材や用具を利用して、自分なりに工夫しながら作ったり描いたりする	・自分のイメージを動きや言葉などで表現したり、演じて遊ぶ楽しさを味わう ・身近にある美しい物を美しいと感じ、言葉で表現したり、友達と共感したりする
食育	食を営む力の基礎	・摂食機能の発達に合わせて離乳を進める ・ゆったりとした安心できる中で食事をし、食べることに喜びを感じられるようにする	・食事を喜び、意欲的に食べる ・こぼす量が減り、最後まで自分で食べようとする	・食事に期待をもち、意欲的に食べるようになる	・食べることの大切さを知る ・保育者や友達と一緒に食べる中で、苦手な食べ物も食べようとする	・食事が出来る喜びや大切さがわかり、感謝の気持ちをもつ ・栄養バランスについて知る	・食と健康について知り、栄養に興味をもちながら食事をする ・配膳を行い、衛生面に気を付けたり、人の役に立つことを喜んだりする

健康支援	・健康発達発育状態の定期的、継続的な把握 ・心身状態や家庭生活、養育状態の把握 ・年間保健指導計画 ・内科健診（年2回）歯科健診（年1回）・異常が認められた時の適切な対応
環境・衛生管理	・施設内外の設備、用具などの清掃及び消毒、安全管理及び自主点検（月1回）・職員の検便（月1回）
安全対策・事故防止	・毎月の避難訓練（火災・地震・不審者侵入）・消防署査察、消防点検、消火訓練 ・救命講習会 ・AED設置
保護者、地域等への支援	・育児相談事業の実施 ・子育て講習会の開催 ・子育て情報誌の発行 ・地域との連携、会議の開催 ・実習生、職業体験、ボランティアの受け入れ
子育て支援	子どもの利益を最優先として行い、子どもの育ちを家庭と連携して支援していくとともに、保護者及び地域が有する子育てを自ら実践する力の向上に資する
研修計画	・認定こども園教育・保育要領に基づいた園内研修の実施 ・園外研修に計画的に参加 ・研修報告会
小学校との連携	・保育園行事等への招待や小学校への訪問 ・保小連絡会議 ・保育所児童保育要録を小学校へ送付
特色ある保育	・専門講師による体育あそび、音楽あそび、造形あそび、英語で遊ぼう ・プロのアーティストによるまなびゆとり事業
地域の交流	・市長、消防署への勤労感謝訪問 ・高齢者施設への訪問 ・地域の方と伝承あそびを経験する

図18-7　2023年度全体計画　社会福祉法人心育会 さつきこども園

（大阪府池田市）

文　献

1)　内閣府・文部科学省・厚生労働省：『幼保連携型認定こども園教育・保育要領』2017.
2)　厚生労働省：『保育所保育指針』2017.
3)　文部科学省：『幼稚園教育要領』2017.
4)　大阪府保育協議会：『大阪府保育士会ハンドブック　ほほえみ』2019.
5)　ポット編集部：「ポット 2020 年 4 月号」チャイルド本社，2020.
6)　文部科学省：『幼児の思いをつなぐ指導計画の作成と保育の展開』2021.

（鵜飼真理子）

おわりに

　子どもが健康に成長していくことは、保育者共通の願いでしょう。子どもが健やかに育っていくためには、幼少期に睡眠や食事、運動の習慣を整え、規則正しい生活リズムを獲得しなければなりません。そのためには保育者が、子どもの生活の中に、あそび場（空間）、あそび時間（時間）、あそび友だち（仲間）という3つの間（サンマ）が不足しないように留意し、日中に屋外で十分にからだを動かすことで、子どものエネルギーの消費や情緒の解放を図ることが大切です。

　子どもの生活の中に外あそびを積極的に取り入れることで、戸外でからだを使って遊んだことにより、おなかがすいた状態で夕食を食べ、夜は精神的に落ち着いて、心地よい疲れが生じて、早く入眠ができるでしょう。そして、ぐっすりと眠ったことにより、朝は、すっきりと機嫌よく起きることができます。

　また、外あそびは、生活リズムを整えることに加え、子どもの発育・発達における身体的・社会的・知的・精神的・情緒的の5つの側面を、バランスよく育むことに貢献します。

　しかし、近年の我が国では、外あそび環境の減少や子どもたちのゲームやデジタルデバイスの過度な利用、子どものあそび内容の変化などによって、子どもが外に出て全身をいっぱいに使って遊ぶことが減少しています。そのような状況で、保育者が、日常の保育の中で、子どもに外あそびを適切に促すことで、子どもの健康づくりに貢献ができるでしょう。

　保育者は、子どもの最も近くにいる大人の1人として、子どもの発育・発達に計り知れない影響を及ぼすことを忘れてはいけません。

　本書が、保育・教育の先生方だけでなく、これから保育者になろうとする方々の一助となることを願ってやみません。

　最後になりましたが、ご指導ご鞭撻をいただきました恩師の早稲田大学

人間科学学術院 前橋　明先生と、本書作成の労をとってくださいました大学教育出版 佐藤宏計様に心よりお礼申し上げます。

（門倉洋輔）

執筆者一覧 （五十音順）

1. 板口　真吾　東京都小平市立小平第十二小学校 主任教諭
2. 鵜飼真理子　社会福祉法人心育会 さつきこども園 副園長
3. 門倉雄一郎　千葉市立青葉病院児童精神科 心理療法士
4. 加納　拓朗　玉成保育専門学校 教員／中部大学 非常勤講師
5. 五味　葉子　早稲田大学大学院 研究生／博士（人間科学）
6. 笹井　美佐　東京 YMCA 社会体育・保育専門学校 保育学科主任
7. 照屋　真紀　沖縄女子短期大学 助教／早稲田大学大学院
8. 野村　卓哉　学校法人谷口学園 文の里幼稚園 副園長／早稲田大学大学院
9. 範　　衍麗　大阪成蹊短期大学 准教授
10. 廣瀬　　団　玉成保育専門学校 実習指導部長
11. 藤田　倫子　ライフスポーツ財団 主任研究員
12. 宮本　雄司　川口短期大学 講師／博士（人間科学）
13. 山梨　みほ　昭和女子大学 人間社会学部 准教授
14. 吉村眞由美　早稲田大学 人間科学部 教育コーチ／博士（学術）
15. 若林　仁子　社会福祉法人和修会 つるまち海の風こども園 園長

写真提供者一覧

第 10 章、第 13 章　廣瀬　団
第 12 章　野村卓哉
第 14 章　範　衍麗
第 16 章　鵜飼真理子
第 17 章　若林仁子

■監修者紹介

前橋　明　（まえはし　あきら）

現　　　職：早稲田大学人間科学学術院　教授・医学博士
専　　　門：子どもの健康福祉学　幼児体育
最終学歴：1978 年　米国ミズーリー大学大学院：修士（教育学）
　　　　　1996 年　岡山大学医学部：博士（医学）
教育実績（経歴）：倉敷市立短期大学教授、米国ミズーリー大学客員研究員、
米国バーモント大学客員教授、米国ノーウィッジ大学客員教授、米国セント
マイケル大学客員教授、台湾：国立体育大学客員教授を経て、現在、早稲田
大学人間科学学術院教授。
社会的活動：国際幼児体育学会　会長、国際幼児健康デザイン研究所　顧問
　　　　　　日本食育学術会議　会頭、国際ウエイトコントロール学会　会長
　　　　　　インターナショナルすこやかキッズ支援ネットワーク　代表
　　　　　　日本学術振興会科学研究費委員会専門委員（2009.12 ～ 2017.11）

■編著者紹介

門倉　洋輔　（かどくら　ようすけ）

現　　　職：玉成保育専門学校　専任教員
専　　　門：子どもの健康福祉学　学童保育　児童館
最終学歴：2020 年　早稲田大学大学院：修士（人間科学）
教育実績（経歴）：公益財団法人東京 YMCA を経て、現在、玉成保育専門学
　　　　　　　　　校教員。2024 年 4 月より小田原短期大学教員。
社会的活動：国際幼児体育学会　理事、国際幼児健康デザイン研究所　アド
　　　　　　バイザー

幼児と健康

2024 年 3 月 29 日　初版第 1 刷発行

■監 修 者 ── 前橋　明
■編 著 者 ── 門倉洋輔
■発 行 者 ── 佐藤　守
■発 行 所 ── 株式会社 大学教育出版
　　　　　　　〒 700-0953　岡山市南区西市 855-4
　　　　　　　電話（086）244-1268　FAX（086）246-0294
■印刷製本 ── モリモト印刷 ㈱

ISBN978-4-86692-293-5